守り勝つ力

長崎　創成館高校野球部監督
植田龍生

竹書房

はじめに

私たち創成館は、幻となった２０２０年のセンバツを含め、甲子園出場は春夏通算で6回となった。春の初出場が２０１３年。この10年だけを見れば、長崎県内では最多ペースで聖地の土を踏んでいることになる。

また、春秋の九州大会出場は12回となった。うち7季連続出場があり、２０１７年秋には初の九州王者に上り詰めることができた。その後、九州王者として臨んだ明治神宮大会では、準決勝で藤原恭大選手（千葉ロッテ）、根尾昂選手（中日）らを擁して「史上最強世代」と称された大阪桐蔭に勝利するなどして、準優勝を飾っている。翌春のセンバツでは準々決勝で敗れたものの、智辯和歌山と壮絶な試合を繰り広げ「創成館」の名を全国に広く知らしめることができたと確信している。この大会で学校史上最高成績となる8強に進出したわけだが、智辯和歌山戦で甲子園のマンモススタンドを埋めた大観衆から浴びた大歓声と拍手の感激は、今でも忘れることができない。

長崎県諫早市に籍を置く創成館高校は、甲子園という表舞台に立つようになってまだ10年にも満たないことから、近年新設された学校と思われがちだが、創立は１９６２（昭和37）年に遡る。私立高校として長崎市で創立された九州経営学園高校が前身にあたり、73年に協立高校に改名した後、88年の諫早市移転を機に現校名に改称されている。硬式野球部も学校創設とともに誕生しているから、間もなく創部60周年を迎えることとなる。

以前に社会人野球の九州三菱自動車で監督を務め、２度の日本選手権出場を果たした私は、２００８年秋から創成館の指揮を執っている。就任前の創成館はたびたび県大会の８強戦線に顔を出してはいたが、どうしても準々決勝から準決勝にかけての高い壁に阻まれ続ける、いわば「中堅どころ」の一角に過ぎなかった。

また、当時の長崎県といえば地方にありながら競争レベルは非常に高く、２００９年のセンバツで長崎県勢初の甲子園優勝を果たした清峰を筆頭に、春夏通算23回の甲子園出場を誇る海星や、同じく９回出場の古豪・長崎商、通算11回の出場で３度のベスト８以上がある長崎日大など、数々の強豪が激しくしのぎを削り合う群雄割拠の最中にあった。ここに割って入り、さらに突破することは決して容易なことではなかったのである。

しかし、高校野球に対する予備知識の少なさと、苦境ほど「なにくそ根性」を発揮したがる私自身の性格が幸いしたのだろう。就任1年目から夏の決勝進出を果たすなど、上位戦線に加わることができた。また「稙田龍生の野球」の幹をなし、社会人時代から追求し続けてきた「守り勝つ野球」をさらに突き詰めていった結果、創成館＝ディフェンシブベースボールというチームのスタイルが徐々に形となり、その後の九州大会連続出場、さらには8年間で6度の甲子園出場にも繋がっていったのだと断言していい。

また、創成館が神宮大会や甲子園で結果を残していくたびに、私の野球観や組織づくりに対して多くの関心を寄せられるようになった。そこで今回は、私自身の指導論および指導手法を書籍にまとめて伝えることによって、野球はもちろん他競技の指導者に対して、指導力の向上と選手の競技力向上を提議していこうと考えた。また、創成館に関心を持っていただいているファンの方々には、より深く我々のことを知っていただき、応援していただくきっかけにもなればと思う。

さらに、私の思いは野球界の外にも及んでいる。野球の技術論に留まらず、組織づくりの根幹にあるもの、また人材育成に関する取り組みを紹介していくことで、それぞれの分野でリーダーと呼ばれる方々に私の手法を見ていただき、忌憚のないご意見を賜りたい。

野球人としてひたすら突っ走ってきた私にとって、今回の執筆は大きな挑戦である。しかし、この出版によって私が愛してやまない野球というスポーツの競技人口拡大に少なからず寄与できれば、とも願う。

高校野球の指導経験がなかった私が、こうして短期間のうちに結果を残すことができた。これもひとえに私を支えていただいている学校や支援者の方々、さらに数えきれないほどに膨れ上がってきた教え子の諸君、そして保護者の皆様、地域の皆様の存在なくして語ることはできない。私の野球人生に携わってくれたすべての皆様と、どんな状況でも私をサポートしてくれる家族に対して、不慣れな執筆作業に全力で取り組むことで感謝の気持ちを伝えたいと思う。

守り勝つ力

目次

はじめに

はじめに……1

第一章 創成館、台頭の道のり
長崎県制覇までの軌跡

甲子園出場ゼロの学校で歴史を作る……18
誰ひとり、甲子園に行けると思っていなかった……20
大きな意味を持った「ふたつの敗戦」……24
「夢の甲子園」に立ちはだかった障壁……27
見えない力に押された甲子園初勝利……30
明治神宮大会準優勝、真の全国区へ……33

上昇中の「創成館」ブランド ……… 36
夏に立ちはだかった2年生の怪物 ……… 39
長崎県レベルアップの旗頭に ……… 42

第二章

波乱万丈の野球人生

山あり谷あり。「なにくそ魂」で奇跡を連発

野球が存在しなかった小学生時代 ……… 46
猛反対を押し切り別府大附属へ ……… 48
空白の4年間 ……… 52
奇跡のホームラン ……… 55
九州三菱自動車と社会人野球 ……… 58

初の日本選手権で流した涙……61
月間22台を売った伝説の営業マン……65
辛抱強く待ち続けた高校野球監督の座……68
「長崎県で一番」に。故郷に錦を飾る時……70
2年連続の準決勝コールド負け……74
負けて安堵した夏……77
継投野球への回帰……81
横綱・大阪桐蔭「史上最強世代」攻略の秘策……84
明徳義塾・馬淵史郎監督との〝再会〟……87
苦闘の連続で摑んだセンバツ8強入り……90

第三章

牽引力はこうして作られた

勝利に近づく人材育成、組織強化

先入観を持たずに先を読む……96
指導者ミーティングの重要性……98
九州トップクラスのコーチングスタッフ……101
高校時代の「忍耐」と、社会人時代の「工夫」……104
高校野球の監督に求められる資質とは……107
心理カウンセラーとして……109
人を否定せず、人前で褒める……112
「危機への備え」に抜かりなし……116

「主将と選手会長」部内人事と部内ルール……119
データの重要性と直接目視の必要性……122
――ライブでしかわからない試合の流れ
保護者との「大人の付き合い」……124
硬式出身か、軟式出身か⁉……127
――スカウティングのチェック項目
創成館に県外出身者が多い理由……131
監督の器と目指すべきスタイル……133

第四章

守り勝つ野球

日本一のディフェンシブベースボール

2年半では都市部の打力に追いつけない……138

コンバートも辞さず、タイプの異なる投手を揃える……140
創成館の継投策❶
信頼度の高い投手ほど後ろで使う……143
創成館の継投策❷
サブ投手の存在とメンタルが継投に及ぼすもの……146
創成館の継投策❸
継投策に秘められた〝本当のリスク〟……150
各ポジションに必要な資質
投　手――「外へ、外へ」の球筋とファストボール（真っすぐ系）の危険性……153
捕　手――ワンバウンド捕球と内野手適性……156
一塁手――バッテリーの次に捕球機会が多いポジション……158
二塁手――〝ながらプレー〟に対応できる器用さを……160

三塁手――反応できなければ守備にならない……162
遊撃手――守備の要、チームの顔……164
外野手――内野手並みの一歩目の反応を……166
創成館オリジナルの「バックアップ」……168
機動破壊を封じた秘策と、「守り勝った試合」「守り負けた試合」……173
守備は努力次第で10割に接近できる……177

第五章

「守り勝つ」ための練習法

実戦的練習の積み重ねが「鉄壁」を作る

練習すべきは「アウトを取るための守備」……182

創成館のキャッチボールメニュー……184
◎ランダウンプレー……185
◎スナップスロー……186
◎ケンカボール……188
◎扇型＋円形ケンカボール……189
◎カットプレー……190
「自主練習」→×、「課題練習」→○……190
◎イレギュラーマットの効能……192
◎ネットスロー……194
◎ハーフバウンド……195
◎ゴロ捕りと捕球姿勢……196

◎外野フライは「前方から後ろへ」……198
ハイスピードノックの盲点……199
連続27アウトノックの効果……201
制球力アップの秘策……203
球速をアップする方法……205
今こそ「タイヤ打ち」を再評価すべき……207
ミートポイントは前目に置け……210

終章

創成館野球部が進むべき道

奪われた甲子園、今こそ真価が問われる時

春、夏の甲子園を失った子供たち……214
2020年の甲子園で披露したかったこと……217
「ガイジン部隊」は中途半端が許されない……220
長崎に起こしたい高校野球フィーバー……223
「ピンチをチャンス」に、野球振興に力を……226
野球人生は5回のグラウンド整備が終わったばかり……229

おわりに

偉大なる唯一無二の存在「甲子園」……233
苦戦しても敗戦しない……235
守り勝って長崎に深紅の大旗を……237

第一章

創成館、台頭の道のり

長崎県制覇までの軌跡

甲子園出場ゼロの学校で歴史を作る

冒頭にも述べたが、私が創成館の監督に就任したのは２００８年9月のことである。その数年前に、現在は校長も兼ねている創成館の奥田修史理事長と初めて食事の席を共にした。「野球部を強くしたい」と語るその表情から、非常に熱い気持ちを受け止めたのだが、当時は私が監督を務めていた九州三菱自動車が初の日本選手権出場を決め、さらには初の都市対抗出場を目指していた時期である。そんな事情もあって「タイミングが合えば」ということで、いったんこの話はストップする。

２００７年になって、学校側から本格的なオファーが寄せられた。以前から高校野球の指導に対する憧れが強く、すでに2度の日本選手権出場を果たしていた私は、会社の方に「ぜひ行きたい」と頭を下げた。会社は私のわがままを聞き入れてくれたが、翌年の都市対抗の予選まではチームの責任を負う必要がある。したがって、九州三菱自動車を退社したのが2008年の都市対抗予選終了後の8月末。その直後に創成館高校の硬式野球部監督となり、9月末に始まった秋の九州大会予選では早くも高校野球の初指揮を執ることとなった。

こうして創成館と奥田理事長は「高校野球の監督をやりたい」という私の夢を叶えてくれたわけだが、現在でこそ3学年で110人ほどの部員数を誇る創成館も、当時は2学年で30人ほどに過ぎず「甲子園を目指す私学」としては少々物足りなさもあった。また、学校の経営状態が苦しいということも知らされていたし、思うように勝ち切れない野球部の状況を見て「本当に受けるべきか」と悩んだことも正直あった。私のまわりにも「長崎の創成館？　知らないな」と言う人が多かったのも事実だ。

ただ、私には監督を引き受けるうえで譲れない条件があった。「一度も甲子園に行ったことがない学校」であることだ。私の力でゼロから歴史を作りたい。たしかに県8強ラインにいればチャンスは大きい。しかし、創成館に甲子園出場がなかったことが、オファーを受け入れた一番の要因だったと断言していい。

私は人から「できない。無理だ」と言われるほど奮い立ってしまうタイプの人間だ。

後述するが、紆余曲折を経て入社した九州三菱自動車の1年目から「お前、来年は同じポジションに凄い奴が入ってくるから、もう終わりやな」と言われ続け、「この野郎！」と反骨心を抱きながら野球を続けてきた。創成館に来る際も、まわりから「大丈夫か？」と言われれば言われるほど、私のモチベーションは委縮するどころか高まる一方だったのだ。

もちろんそういった気持ちがなければ、当時の苦境を乗り切って現在のような活況を生み出すこともなかっただろう。

誰ひとり、甲子園に行けると思っていなかった

就任にあたり、理事長からは「10年かかってもいいので、甲子園に連れて行ってください」と激励されたが、私は「仮に10年をかけて一度も届かないのであれば、その先もずっと無理でしょう。5年以内に行きますよ」と宣言し、自分自身にも大きなプ

レッシャーをかけた。たとえば、「横綱候補」と呼ばれた大関が「在位●場所」の記録を作って讃えられたところで、結局は横綱に昇進できずに終わっているのだ。そういう状態に陥らないためにも、甲子園には最初の5年間で絶対に行かなければならなかったのである。

私は野球部の陣頭に立つなり「甲子園に行きたいと思う者は手を挙げて」と選手たちに問いかけた。もちろん全選手が挙手をする。「では、本当に甲子園に行けると思っている者は手を挙げて」と尋ねると、彼らは隣の者と顔を見合わせるばかりで誰ひとりとして挙手しないのだ。

これは「創成館が甲子園に行く」と思っている者が、内部にすらいなかったという事実を物語っている。「ここだな」と思った私は「いやいや、お前たちだったら充分に行けるから大丈夫だ」と言って聞かせることから行動を開始した。

「こういうことを考えながら、こういうメニューをこなしていけば、野球は必ず強くなる。しかし、それで勝つかどうかは別の話だよ。優勝までの〝あと1勝〟を越えていけるかどうかは、お前たちの人間力だからな」

それが、私の高校野球指導の第一声である。しかし、初めての高校生指導は思考錯誤の連続であった。「まだ体が動くうちは」と、実際にグラウンドで手本を見せることも少なくはなかった。野球以外の本にも目を通したが、とにかく生徒には細かいことは言わずに、シンプルな指導を心がけようと思った。一方で私の考えを理解してもらい、逆に私が選手たちを理解する必要もあったため、自ずとミーティングは長くなるし個人面談も多くなった。

やがて「進路に対する思いの弱さ」が、このチームの成長を阻害しているのではないかということに気が付いた。残念なことに、私が就任した時点で「上で野球を続けたい」という者がひとりもいなかったのだ。ここは明確に変えていかなければならない。「高校野球は通過点」ぐらいの気持ちでやらないと、選手たちの能力は伸びてこないからだ。

こうして、しつこいぐらいに「高校野球の先にある別世界」を説いているうちに、選手の瞳孔が開いてくるのがわかった。この世代の中から捕手の塩田英介が社会人野球の名門・ＪＲ九州へと進み、今もなお現役を続けてくれている。また、のちのち野球部からの進学者が増えるにつれて、部員数も右肩上がりで増えていった。高校野球における「進路」とは、それほど重要な意味を持つのである。

また、高校野球の場合はつまらない伝統ほどチームに残る傾向がある。そういう伝統を作り上げた選手が卒業すれば、そうした一利にもならない伝統は消滅するものだと思っていたが、決してそうはならない。だから、下の学年に任せていた雑務も「上の者が率先して動け」と言って、チームの構造をことごとく変革した。

あまりにやらなければならないことが多すぎるため、ゼロスタートのチームを3年で勝たせるのはちょっと難しいと思った。実際には私自身が動き、この目で見て獲得した選手たちがチームの主力となってからが本当の勝負になる。だからこそ、発足から5年が「甲子園出場が叶うか、くすぶり続けるか」の分かれ目になってくる。幸いにも私と創成館の甲子園初出場は2013年春。指揮5年目のシーズンに、なんとか第一目標をクリアすることができたのだった。

大きな意味を持った「ふたつの敗戦」

監督就任から1か月で、私は初めての公式戦指揮を迎えた。秋の九州大会予選である。この大会で創成館はあれよあれよと勝ち進み、私は初采配でいきなり4強入りを果たすこととなった。準決勝の相手は、その年の夏に長崎県代表として甲子園に出場していた清峰だった。甲子園でも140キロ超の本格派投手として注目された今村猛投手（広島）を擁する清峰は、この大会でも優勝候補の筆頭格に挙げられていた公立のチームだ。

創成館も粘りに粘ったが、試合は2－3で惜敗。もしあの試合で勝利していれば、創成館だけでなく清峰の選手にとっても運命が大きく変わっていただろう。まず、あの試合に勝てば決勝進出ということで、創成館の九州大会出場が決まっていた。一方、この試合に勝った清峰はその後の九州大会でも優勝を達成。さらには翌春のセンバツでも菊池雄星投手（マリナーズ）を擁する花巻東（岩手）に勝って優勝し、長崎県に初の甲子園優勝をもたらすことになるのだ。

つまり、あの準決勝が逆の結果に終わっていれば、清峰の甲子園優勝もなかったわけで、逆に創成館の甲子園初出場が決まっていた可能性もあった。この試合の勝敗は、それほど両チームの運命を大きく左右したのである。

それなのに、試合を終えた選手たちは保護者たちの輪の中で、にこにこ談笑しているではないか。たしかに社会人野球出身の新監督に交代して最初の大会で4強、しかも今村投手を擁して本命視されていた相手に対して1点差の善戦であれば、チームの将来を考えても決して悪い結果ではない。ただ、大人たちは「よく頑張りました」と言って、あたかも勝利チームであるかのように子供たちを称賛しており、一方でそれに甘んじている子供たちの態度も私には耐えられなかった。そんなことで、最初から全国の頂点を狙って戦っているチームに勝てるはずがないのである。

「そんなことだから勝てないんだ！　悔しさを感じているのは俺だけか⁉」

と、私はその場にいたすべての者に激しく雷を落とした。その後もしきりに「やることをやれば、俺たちは勝てるんだ」と選手たちに言って聞かせる日々が続き、こちらの執拗さに選手の方もだんだんと〝その気〟になっていく。秋に互角の勝負を演じた清峰が甲子園で頂点に立ったことも、選手たちには大きな刺激となったのかもしれない。春の九州大会予選は初戦で敗退したが、夏の前哨戦と位置づけられている6月のNHK杯大会で優勝し、創成館は初の長崎県タイトルを手にするのだった。

2009年にセンバツを制した清峰は、たしかに強かった。それでも「まったく手に負えない」と思うことはなかったし、その後も吉田洸二監督（現・山梨学院監督）率いる清峰とは何度も対戦を重ねてきたが、2008年秋の準決勝以降は一度も負けていない。

私にとっては初めての夏となった2009年の長崎大会でも、選手たちは私の檄に応えてくれた。チームは再び快進撃を演じ、なんと決勝進出を果たしてしまうのである。決勝では残念ながら、広島のエースに成長した大瀬良大地投手を擁する長崎日大に4-7で敗れて準優勝に終わった。

もちろん寸前のところで大魚を逃した悔しさは大きかったが、「俺の人生、そんなに上手くいくはずはない」という気持ちがあったのも事実だ。

「5年で甲子園」という勝利のプランを抱いていただけに、就任1年以内での決勝進出は想定よりもはるかに早い。前年秋には敗戦後に激怒しているだけに、矛盾と取られても仕方ないが、私は最近になって「1年目はあそこで負けて良かった」と思うことさえある。「高校野球を勝つって、こんなに簡単なことなんだ」と勘違いせずに済んだからだ。

もちろん、まわりにも「いきなり勝たせてたまるか」という意地はあったはずだ。実際に長崎日大の金城孝夫監督（現・愛知黎明監督）からは意地を感じたし、人間力という点においても、あの時は勝った長崎日大が一枚上だったのだと思う。

「夢の甲子園」に立ちはだかった障壁

その後もチームは上昇を続けた。2年目は春夏ともに8強で、秋には準優勝で初の九州大会出場を達成。そして3年目は秋に優勝。ついに3大大会（春夏秋）のひとつで長崎県のトップに立つこととなったのである。

しかし、順調に来ている時ほど大きな落とし穴にハマってしまうものだ。本気のセンバツ出場を狙った2011年秋の九州大会で、甲子園初出場の当確ランプが灯る4強進出を果たしたにもかかわらず、準決勝でまさかのコールド敗退である。手中に収めていた甲子園への切符を、みすみす手放してしまう結果となってしまったのだ。

さらに、翌年秋の九州大会でも準決勝でコールド負け。この時は準決勝が2試合ともコールド試合となったため、なんとか翌2013年春のセンバツ出場が叶うのだが、2年続けて最大の勝負所で大ポカを演じてしまった。

2度目のコールド負けから1年後の九州大会は8強止まりで、センバツへの当確ランプを灯すことはできなかった。しかし、沖縄尚学の奇跡的な明治神宮大会優勝による「神宮枠」の恩恵によって、予期せぬ2度目のセンバツ出場が転がり込んできたのだ。初出場から2年連続での春甲子園ではあったが、自力で摑んだ実感が薄いため、なんとも釈然としない気分だったことを覚えている。

初めてのセンバツでは、上林誠知選手（福岡ソフトバンク）を擁する優勝候補の仙台育英（宮城）と対戦し、2－7で初戦敗退に終わった。この時は私自身の戦意にも問題があったと認めざるを得ない。公約の「5年で甲子園」を達成できたことと、純粋に子供の頃から憧れていた甲子園に出場し、試合ができていることに満足してしまっていたのだ。

翌年も駒大苫小牧（北海道）に0－3で初戦敗退。チームのタイプがよく似ており、戦力的にも「同等」と見ていた相手だったが、内容的には完敗と言ってよかった。初回にいきなりツーベースでチャンスを作るも、盛り上がったのはその瞬間だけ。以降は何の見せ場も作ることができないまま、3安打完封負けである。打たれたヒットはわずか5安打にもかかわらず3失点。完全に全国で勝つだけの「力」が不足していると痛感したし、やはり甲子園は「勝たないと面白くない場所」だということが身に沁みてわかった。

夏の甲子園初出場は、翌2015年である。夏の県大会は2009年の初采配が準優勝で、翌年が8強。2011年に初戦敗退を喫したが、その翌年からは8強、4強、準優勝、優勝と一歩ずつ階段を駆け上がってきた。冬季五輪で7、6、5、4位と連続入賞しながら「どうして私は一段一段ずつなんだろう」と述べたスキーモーグルの上村愛子選手の気持ちは、痛いほど理解できる。まわりからもずいぶんと冷やかされたものだが「それが俺なんよ」と、冗談で返していた当時が懐かしい。一足飛びとはいかず、少しずつ上昇してきたのが私の野球人生だ。指揮7年目の夏。時間は要したが、じつに私らしいアプローチだったといえる。

見えない力に押された甲子園初勝利

その2015年夏。主砲・鷲崎淳（JR九州）のサヨナラ打で天理（奈良）に勝利して、ついに甲子園初勝利を達成した。その日の甲子園は地元近畿勢の天理だけではなく、1試合目に智辯和歌山、4試合目に優勝候補の仙台育英も登場するとあって、スタンドは朝から超満員に膨れ上がっていた。しかも、1試合目で堅守の智辯和歌山がミスを連発して姿を消していたこともあって、球場はますます尋常ではない雰囲気に包まれてしまっている。

選手たちには「あの智辯ですらあり得ない負け方をした。今日は何かが起こる1日だ」と前置きしたうえで「天理は名門中の名門。全国に創成館という学校を知ってもらう意味でも最高の相手だぞ」とハッパをかけたが、身構えていたのは私ぐらいなもので、天理の全盛期を知らない選手たちは非常にリラックスした状態で試合に臨めていたと思う。

そうはいっても、点の取り合いになると分が悪い。創成館としては、持ち前の守備力でしのぎ、少ないチャンスをモノにするしかなかった。実際のところ、試合はこちらが望みうる最高の展開となった。

創成館は藤崎紹光、水永悠斗という左の技巧派が二枚。振り回してくる打者の多い天理に対して、私はさして球速のない藤崎を先発に起用したが、これが見事にハマった。低めのボールがナチュラルに沈む球筋だったことも功を奏したが、右打者には外のストレートを追いかけさせてボール球を振らせる、という頭脳的な投球がじつに見事だった。私も長いこと野球人生を送っているが、あらためて「左のサイドはいい」と思った次第だ。終盤からマウンドに上げたスリークォーターの水永は、チェンジアップが素晴らしくキレていた。両左腕とも最速は140キロはおろか、130キロにも満たない。しかし、それぞれが持ち味を発揮できれば、甲子園レベルでも充分に勝てるのだということを彼らが証明してくれたと思っている。

最後に試合を決めてくれたのは4番の鷲崎だった。彼は投手としても140キロ近いストレートを投げるポテンシャルを備えていたが、やはり打撃力の方が突出していた。2年の時点で広大な長崎ビッグNスタジアムのバックスクリーンに放り込むパンチ力を備えていたが、逆方向にもホームランを打てる強さがあった。おそらく、創成館史上を見ても、打者としては一・二の存在だったのではないか。その鷲崎は近畿大へと進み、2020年から社会人のJR九州でプレーしている。

「甲子園はいつもの力を発揮できずに終わる場所である反面、いつも以上の力を発揮できる場所」という格言通り、藤崎、水永に加え、もっとも信頼の置ける4番の鷲崎さえも備えた能力値以上のものを出せた試合だったといっていい。

私自身、超満員の甲子園という武者震いの止まらない雰囲気の中で試合ができることに喜びを感じたし、8月9日という長崎県民にとっては特別な日に試合ができて、さらには勝利の報告までできたことが何よりも嬉しかった。また、11時2分という県民にとっての特別な瞬間に、甲子園のグラウンドで選手たちとかけがえのない時間を共有できたことを、私はこの先も忘れることがないだろう。たしかに、チーム全体が「目に見えない力」に包まれながら試合をしていたようにも感じる2時間2分だった。

神宮大会準優勝、真の全国区へ

２０１７年秋には九州大会を初制覇し、これで翌春のセンバツ出場は確実となった。こうもすっきりした気分で、堂々とセンバツの発表を迎えられるのは、3度目にして初めてである。ただ、以前から理想としてきた継投スタイルがこの頃になってようやく形になってきたこともあって、自信のあった年代だったことは確かだ。つまり、この代の九州制覇はある意味「目論見通り」の結果と言いきっていいだろう。

エースは184センチの大型左腕・川原陸（阪神）で、サイドの伊藤大和（三菱重工名古屋）、安定感がピカイチだった戸田達也（近大）の両右腕など、いずれも140キロ近い球速を持ったタイプの異なる投手が揃っていた。さらに神宮大会には、九州大会で登板のなかった181センチの長身左腕・七俵陸（神奈川大）が加わった。七俵は準決勝の大阪桐蔭戦に先発し、「史上最強世代」と言われて翌年の甲子園で春夏連覇する強打線を相手に、3回3失点（自責1）と期待以上の投球を繰り広げてくれた。相手は七俵のデータをまったく持ち合わせていなかったのだろう。試合序盤に相手をかく乱するうえでも、非常に大きな役割を担ってくれたと思っている。

こうして、1997－98年の横浜（神奈川）以来となる4大タイトル完全制覇を狙った大阪桐蔭に、私たちは公式戦で唯一の黒星を付けた学校となった。もちろん運が味方してくれた部分もあった。しかし、この勝利によって創成館の存在をさらに多くの人が意識してくれるようになったのは間違いない。この試合についての詳細と、私が考える勝因については後述しようと思う。

翌日の決勝は明徳義塾（高知）との対戦となった。しかし、相手エースの市川悠太投手（ヤクルト）に4安打に抑え込まれ、0－4で完敗を喫してしまう。完全にチャレンジャーの立場で臨んだ前日の大阪桐蔭戦は、無心でぶつかっていけた。故・野村克也監督の言葉ではないが無欲のまま〝弱者の戦い〟に専念し、選手たちに〝思い切り〟を授けることで大きな勝利を手にしている。だが、大本命を下して決勝進出を果たしたことで、あろうことか監督の私がつい色気を出してしまった。試合前に「日本一になれるチャンスなんて、そうそうないぞ」と、選手たちにけしかけたことが、彼らにとっては大きなプレッシャーになってしまったのだ。

とにもかくにも、創成館がもっとも日本一に近づいたのが、2017年の明治神宮大会だった。そして、大阪桐蔭を破っての準優勝で、さらなる注目を集める中で出場した翌春のセンバツで、創成館は学校最高の甲子園8強入りを果たすことになる。私にとっても野球部にとっても、キャリアにおいて非常に大きな出来事となったこれらの試合についても、あらためて後の章で振り返ってみたい。

上昇中の「創成館」ブランド

繰り返しになるが、選手たちには高校野球のさらに先にある世界に対して、夢を抱いてほしいと思っている。私は選手を大学に送り出す際に、なるべく全日本大学選手権や明治神宮大会などの全国に近いと思われる大学に送り出したい。彼らが表舞台に立ち、頑張ってくれることで、その都度「出身校は創成館」と注目してくれるようになる。何より彼ら自身の将来が大きく開かれていくのである。それらが「創成館で野球がしたい」という子供たちを増やし、結果的にさらに多くの優秀な人材を大学や社会人、またはプロといった上級カテゴリーへ送り出すことができるようになるのだ。そうした理想的なスパイラルを、これからも意識的に作っていきたい。

一方で、テレビなどへの露出が多い奥田理事長の経営手腕も相まって、近年は創成館のブランドイメージが劇的に向上している。以前は全校生徒の定員740人に対して、3学年500人前後で推移していた時期もあった。ところが、近年は4倍近い競争率をキープしており、受験即合格という以前の状況からはまるで想像できない活況の中にある。

とにかく理事長はアイデアの豊富な仕掛け人で、センバツ発表時恒例の校長室での電話受けや出場決定報告会において、あらゆる演出を施して生徒たちを喜ばせようとしてくれる。どこよりも目立つアルプススタンドにしたいという思いも強く、大会中止で実現はしなかったが、2020年のセンバツ前には「PL学園ふうの人文字をやりましょう」と息巻いていたぐらいだから、きっとファンの度肝を抜く演出をいろいろと考えていたに違いない。

また、イタリアのベネトン社製の制服をいち早く採用し、県内多くの女子中学生に「創成館の制服が着たい」と言わしめ、硬式野球部を含む部活動全体に「Wings（ウイングス）」の総称を用いるなど、次々と若者の心を撃ち抜く施策を打ち出し続けてきた。講演に呼ばれるなど活動が多岐にわたっていることもあり、俳優の石田純一さんと同じ芸能プロダクションとマネジメント契約を結んでいる。そんな現役学校長は、全国を探してもそうそう見つかるものではない。

私たち硬式野球部も、九州大会への出場や甲子園への出場で、少なからず学校のイメージアップに貢献してきたという自負がある。しかも、全校生徒800人の中で、硬式野球部員は110人前後を占めているのである。もちろん私たちができる最大の学校貢献は、試合に勝つこと、日本一になることだ。と同時に、学校生活を含めたあらゆる分野で引っ張っていける野球部を作っていくことも、私たちスタッフに課せられた使命だと思っている。

理事長は、高校野球が持っている力の大きさを理解したうえで「甲子園に行って創成館の名を全国に知らしめてほしい」と、外部から私を招いてくれた。就任当初から「一般生を元気づけるためにも、野球部には頑張ってほしい」と言って私たちを応援してくれている理事長と学校のためにも、私たちは勝ち続け、人材を輩出することで応えていきたい。

夏に立ちはだかった2年生の怪物

2度目の夏甲子園となった2018年は、なんとも悔しい結末が待っていた。前年秋の神宮で準優勝、さらに春のセンバツで8強と、全国の舞台で結果を残していたことから、私自身も「このチームなら……」と期待する部分は大きかった。最低でも春8強以上。それだけの力は充分にあると確信していたのである。

しかし、私たちの前に立ちはだかったのは、当時2年生だった創志学園（岡山）のスーパーエース、西純矢投手（阪神）だった。神宮の決勝で対戦した明徳義塾の馬淵史郎監督からも「西がハマったら、大阪桐蔭でも打てんぞ」と聞かされていたが、実際の西投手は明らかに想像以上だった。

140キロ台後半のストレートに加え、140キロ台のカットボール。しかも、どの球種でもストライクを先行させることができる。さすがに1年後のドラフトで阪神から1位指名されるだけの投手だ。投手に求められるすべての面において、高校生のレベルを大きく超えていたといっていいだろう。

ただ、秋、春と創成館はそれなりに点を取って勝ってきていたので、打線の得点力には自信があった。しかし、ベンチから見ている限り、西投手の球筋は過去に見たことがないものであり、まるで社会人野球かそれ以上の投手が高校生を相手に投げているかのように私の目には映った。初回の攻撃が終わり、選手たちがベンチに引き上げてきた時、私は思わず「お前ら、完封されるなよ。いや、ノーヒットノーランをされるなよ」と言ってしまったほどだ。

初回のボールを見て、対策うんぬんの話ではなくなってしまった。「ストレート一本に絞れ」と言うしかないのである。「追い込まれても真っすぐだ。たとえ変化球を見逃して三振に倒れても構わない」。それぐらい徹底したストレート狙いだった。もちろん、私自身がそんな指示の出し方をすることも初めての経験だった。

途中、打席の立ち位置を変えさせたり、ノーステップ打法に切り替えさせてみたり、ありとあらゆる手も打った。それでもまったく歯が立たないのだ。結果、西投手に4

安打完封を許し、「三振が少ない」ことを売りにしている創成館打線が16三振を喫してしまうのだった。

相手は〝これぞ甲子園〟といっていいような全国トップクラスの怪物投手だった。しかし、いくら相手が良かったとはいえ、最後はあまりにあっけなかった。この代はプロ入りした川原や高校日本代表にも選ばれた峯圭汰（日大）をはじめ、高校を引退してもいまだ現役にこだわって野球を続ける者が多い。残してきた結果に自信を持ち、さらなる高みを目指して練習してきたにもかかわらず、最後の挑戦があまりにあっさりと終わってしまったことへの悔しさを拭いきれていないからだろう。

私自身も、その後のチームを強化していくうえで、消化不良を感じたあの夏の忘れ物を取りに行かねば、という思いがモチベーションになっているのは間違いない。

たしかに相手は全国屈指の好投手だったとはいえ、そうした投手を攻略しないことには今後も甲子園の頂点は見えてこない。前年秋から始まった2018年シーズンとは、高校野球の監督として、あらためて全国制覇への強い決意を抱く機会となった1年だった。

長崎県レベルアップの旗頭に

チームとしての最大の目標は、言うまでもなく「日本一達成」である。しかし、同じぐらいに重視している思いがある。

長崎県のレベルを上げたい——。

残念なことに、高校野球の指導者には「自分のチームさえよければ」という考え方を持った方が多いのではないだろうか。そうした考えが、県全体、ひいては野球界全体のレベルアップを妨げているということに気づいた方がいい。私は初めて長崎に来た時、まずはそうした空気を一変したかった。

長崎県勢は2009年春に清峰が初の甲子園制覇を達成したが、残念ながら夏の優勝は一度としてない。近年は清峰をはじめ海星、長崎日大、創成館が甲子園の8強以上に進出するなどして、全国の舞台でも互角に戦えるということは充分に証明されている。過去には長崎商、長崎西、長崎南山、諫早、佐世保工、長崎北陽台、波佐見も甲子園の準々決勝以上を経験しているのだ。公立・私立ともに全国上位で結果を残してきた実績を見るまでもなく、県勢としてのポテンシャルは充分にあるはず。全県を挙げて「悲願達成には何が足りないのか」を考えなければ、この先も堂々巡りを繰り返すだけだろう。

私は練習試合後に「この投手はこういう癖があるから、それでは球種を読まれてしまうよ」と、相手の指導者に惜しげもなく伝えるし、時にははっきりと「そんな野球ではダメだ」と伝えることもある。このように、チームの垣根を越えて後進を育てていくことが長崎のレベルアップに繋がり、それが九州全体のレベルアップにもなる。さらに九州という大きなくくりでレベルアップできれば、球界全体のレベルを引き上げることにも繋がっていくのだ。

かつて2000年代中盤から、毎年のように九州地区の高校が甲子園の決勝進出を繰り返していた時期があった。その黄金期は興南（沖縄）の春夏連覇でピークを迎えることになるのだが、この間に近畿や関東からの視線が九州・沖縄に向いたことで、結果的に近畿・関東のレベルを引き上げたという話を聞いたことがある。現在その優位性は逆転しているが、逆に近畿や関東で生まれるスタンダードが、近年の九州を含めた各地のレベルを引き上げているのも事実だ。私はそうした波動を、この長崎県から、しかも諫早市にある創成館のグラウンドから生み出していきたいのである。

県勢レベルアップのための旗振り役として、私たち創成館がやらねばならないことがある。それは、長崎県のトップランカーであり続けるということだ。すべてのチームから「打倒・創成館」とターゲットにされることで、全体の底上げがなされ、同時に創成館の力も増していく。これがもっとも理想とする形ではある。

しかし、他にも私たちが果たすべき役割があるのではないか。それは、私の考えや創成館で実践している野球を広く知ってもらうことで生まれてくるものなのかもしれない。そのことも、この本を出版する大きな目的のひとつだ。

第二章

波乱万丈の野球人生

山あり谷あり。「なにくそ魂」で奇跡を連発

野球が存在しなかった小学生時代

私は瀬戸内海に突き出た大分県の国東半島で生まれた。大分の玄関口ともいうべき大分空港がある安岐町の西武蔵という小さな集落で、通っていた小学校も1学年1クラス、男子児童も8人しかいない小規模校だった。

小学校2年時に祖父からグラブを買い与えられたが、学校や地域に小学生が入部できる野球部がなかったために、毎日ひとりで壁当てをするしかなかった。一方、小学校時代にバッティングをした記憶はない。「打つ」ことに関してできることといえば素振りをするぐらいのもので、たまに家の中で丸めた新聞紙を打ったり、田んぼの中で三角ベースをしたりするぐらいで、まともに野球の打撃練習に取り組んだことはいっさいなかった。だから、私は現役時代を通じて打撃があまり良くはなかったのか、と思うことさえある。

一方で、当時からボールを捕る、投げるということには長けていた。たまに父とキャッチボールをすることはあったが、その父も野球未経験者だ。きょうだいも姉しかいなかったので、黙々と壁当てをしながら守備に関するスキルを「独学」で身に付けていくしかなかったのである。

唯一野球らしいことができるといえば、体育の授業でやっていたソフトボールのみ。しかし、週3回ほど組まれていた体育の授業すべてでソフトボールが行われるとも限らない。だから体育のある日は、先生に「ソフトボールがやりたい！」とアピールするため、あえて大好きだった長嶋茂雄さんの背番号3の入ったユニフォームを着て登校していたほどだ。小学校時代の私は、とにかく野球がやりたくてウズウズしていた少年だった。

中学は地元の安岐中に進学し、軟式野球部に所属した。当時の中学校野球部は顧問の指導も先輩との上下関係も厳しく、練習とはいっても最初は声出しばかり。しかし、小学生時代から「1日でも早く野球部に入りたい」と思っていた私は、初めて競技としての野球に触れた喜びの方が大きかった。

ひとつ上の学年は県大会に出場したが、私たちの代は大舞台とは縁遠いチームだった。しかも、中学生活最後となった3年時の市内中体連では、三塁手として出場していたものの試合途中に熱中症で倒れてしまい、ゲームセットの瞬間を球場の医務室で迎えてしまうのである。

猛反対を押し切り別府大附属へ

高校は別府大附属高校（現・明豊）に進学した。当時の大分県は県内唯一の甲子園優勝校の津久見と、その最大のライバルだった大分商を中心とする2強時代である。別府大附はというと、甲子園出場こそなかったものの駒大出身の糸永俊一郎監督のもと高い野球センスを備えた選手が多く集まり、県8強戦線の常連に定着していた有力校のひとつだった。

私には、大分商の三塁手として甲子園8強入りを経験している2歳年上の従兄弟がいる。長嶋さんが率いる巨人にドラフト3位で入団することになる岡崎郁さん（元巨人）と三遊間を組んでいたこともあり、中学生の私は頻繁に大分商の応援に行ったものだ。その時に目に飛び込んできたのが、別府大附の選手たちだった。スカイブルーのユニフォームが、夏の陽射しに反射してとにかくまぶしく見えた。中学生の私の目には非常に洗練された集団に映ったし、これで私の心は「高校は別府大附で」と決まったのだった。

中学3年時には身長が155センチ、体重が50キロしかなく、バットを目いっぱい振っても打球はまったく内野の頭上を越えない。そのうえ中学校時代の最後を医務室のベッドの上で迎えてしまうほどの体力である。ただ、守備だけには自信があった。しかし、私が「別府大附でやりたい」と言った時、当然まわりは猛反対した。「安岐高校は剣道が強いから、地元に残って剣道をやりなさい」と、剣道未経験者の私に言う人もいたほどだ。

そんな中、唯一私の挑戦を応援してくれたのが、当時のクラス担任の西村秀一先生である。そうした後押しもあって、私は母とふたりで糸永監督に会いに行くこととなった。しかし、そこで待っていたのは糸永監督からの「君は高校では無理や」という厳しいひと言だった。「ボールが頭に当たったら死ぬかもしれんのだぞ」と、ずいぶん脅されたと記憶しているが、それでも私は屈しなかった。

まわりから反対されればされるほど「だったらやってやろうじゃないか！」と燃え上がるのが私の性格である。これは本書を通じて、何度でも繰り返して申し上げておきたい。「無理」と言われれば「この世の中に無理なことなんてない」と奮い立ってしまうのだ。

そもそも別府大附だって県上位にいながら、なかなか勝ち切ることができていない。県内は依然として津久見や大分商が強く、甲子園に出場するために乗り越えなければならない壁が、別府大附の前にはいくつも立ちはだかっているのだ。そうした状況も「だからこそ、やってやろう！」という私の挑戦心を掻き立てる格好の材料になったのだった。

なんとか入学を認めてもらった私は、寮に入って野球漬けの日々をスタートさせた。一般入試で入学したこともあり「特待生には絶対に負けたくない」という意地もあったし、たとえどんなに体が小さかろうが「大きな奴らには負けない」という思いで懸命な努力を続けたつもりだ。

1、2年生の頃から、大会によって背番号15を付けてベンチ入りしたことはあったが、レギュラーに定着したのは最高学年になった2年秋。セカンドを守る2番打者である。長打を打つタイプの打者ではなかったが、バントは絶対に失敗しないという自信があった。

私たちの代は2年秋、3年春と2季連続で県大会の決勝に進んだが、あと1勝が遠かった。いずれの試合も、私たちの前に立ちはだかったのは九州を代表する右本格派の源五郎丸洋(元阪神)を擁する日田林工だった。当時の日田林工は県内でも津久見や大分商をしのぐ強さを誇り、春の九州大会では沖縄の興南を破って優勝を飾っている。

私たちは秋の大分県で準優勝したにもかかわらず、九州大会出場はならなかった。当時の秋季九州大会は現在の1県2代表制ではなく、1代表制だったためだ。3年最後の夏は2回戦で敗退したから、結果的には2年秋がもっとも甲子園に近づいたシーズンとなった。ちなみに、3年の夏に大分を制したのは日田林工ではなく津久見だった。「終わってみればやっぱり津久見だったか」という声を、その当時は頻繁に耳にしたものだ。

空白の4年間

じつは私の野球人生には「空白の4年間」が存在している。高校を卒業して数年間、私は競技としての野球から一時的に距離を置いていたことがあった。

当時は高校の指導者が「お前はここ」、「お前はここ」と生徒の進路を決めていくのが当たり前で、もちろんそれを拒否することなどは許されない時代である。私も糸永監督の指示に従っていくつかの社会人野球のセレクションに参加したが、なかなか採用までには至らない。そのうち、地元の銀行から内定をいただくことになるのだが、内心は「銀行なんて到底無理だ」と拒絶反応である。印象を悪く映そうと、わざわざ長めの学ランを着て面接に行くなどの「抵抗」を繰り返し、ようやく内定取り消しを

〝勝ち取った〟のだった。

最終的には「大学に行け」と関東の有力大学を薦められたのだが「大学に行ってまで殴られたくはないな」と思って、この申し出を断っている。

そんな時に「新しく発足した近畿の社会人チームが選手を集めている。そこの監督さんが来るので、一度見てもらえ」ということになった。雨の降る日だったと思う。グラウンドは使える状態ではなかったが「ちょっとキャッチボールだけやろう」と声を掛けられ、近畿から来られた監督さんを相手に数分間のキャッチボールをやった。その間、しきりに「いいな、お前」と声を掛けられるのだった。それだけのことで「ウチに来い」となった。しかし、その会社は神戸の警備会社である。当時は神戸を拠点とする暴力団の抗争が全盛期だったこともあり、身の危険を感じて丁重にお断りしたのだった。

とにかく、私の中に「自分はこうしたい」という夢や希望がなかったのだと思う。野球は高校3年間でやり尽くした感があった。これ以上キツい思いはしたくないという漠然とした考えの中で、大した目標を持つこともできないまま毎日を過ごしているうちに、高校のＯＢ会長が経営していた民芸品の卸会社に拾われることとなった。

もちろん仕事は一生懸命にやっていたつもりだ。しかし、今にして思えば野球に関する夢や希望はいっさいなく、毎晩のように飲み歩き、ただクルマを改造して楽しむだけの日々だった。

やがて数年が経ち、関東の大学に進んだ同級生たちから「どこどこの社会人野球に決まった」といった報告が次々と舞い込んでくるようになった。そんな話を聞いているうちに、「もう一度、俺もチャレンジしたい」という思いが私の中にふつふつと込み上げてきたのだった。

たまに草野球でプレーすることはあったし、ソフトボールの別府市代表で県民体育大会に出場したこともある。そこではどうしても目立ってしまうので「あんた、上手いね」と言われることに満足していただけのつもりが、根底には「まだまだ野球を楽しみたい」という純粋な気持ちが残っていたのだと思う。そんな時に、自らの野球人生がフラッシュバックしてくるのである。やりたくても周囲にチームがないため、どうしても野球ができなかった小学校時代。押さえつけられながらも野球のためにと耐えてきた中学・高校時代。医務室でゲームセットを迎えたこと。九州大会まであと一歩と迫りながら、源五郎丸に何度も跳ね返されたこと……。

私はとうとう、高校時代の糸永監督を訪ね「もう一度、チャンスをください」と頭を下げた。最初は「そんなの無理や」と突き放されるばかりだったが、水面下では数社に話をしてくださっていたようだ。気が付けば、複数の社会人チームのセレクションに参加できるようにお膳立ては整えられていたのである。一度、競技から距離を置いて再確認できた野球への情熱と、恩師の親心。これらが後になって、4年間のブランクを挽回していくための原動力となったことは言うまでもない。

奇跡のホームラン

なにせ、私には4年間のブランクがある。練習するといっても、甲子園を目指して活動中の母校にお邪魔するわけにはいかないし、練習パートナーもいない。たまに同級生がキャッチボールの相手を務めてくれたが、基本的にはバッティングセンターで打ち込みを行ったり、近所のグラウンドを走ったりすることしかできない。また、週2度のバスケットボールで体をほぐしていたが、練習不足は隠しようがなかった。

まずは本田技研熊本（現・Ｈｏｎｄａ熊本）のセレクションに行って不合格となった。次に九州三菱自動車のセレクションに行き、そこでも不合格となった。しかし「練習会に来ている奴の中には、明らかに俺より下手な奴がいっぱいいた」と思い、半年後に2度目のセレクションを受けられないかと頭を下げ、強引にリベンジの機会を引き出したのである。

当時の私は、社会人野球に対して「ノンプロ」と呼ばれることへの憧れを抱いていた程度で、そのレベルがいかに高いかということをまったく知らなかった。ただ、何も知らなかったからこそ、怖いもの知らずのまま挑戦することもできた。野球が好きという理由だけで飛び込んでいけた無謀さが、かえって良かったのかもしれない。

そんな私の執念深さも実ったのだろう。九州三菱自動車で2度目のセレクションを受けた後、まさかの条件付き入社という朗報が舞い込むのである。その条件とは「会社には残ってもいいが、1年目で結果を残さなければ引退してもらう」という、ブランク明けの私にとっては極めて厳しいものだった。しかし、困難な状況にこそ噛みつきたくなるのが野球人・植田龍生の性である。6、7人の大卒選手が優先的に使われていく中で、私は得意の守備に磨きをかけつつ、他人の目が及ばぬところで必死の努力を重ねた。

都市対抗予選を目前に控えた5月、新日鐵大分とのオープン戦に帯同した私は、地元ということもあり途中から守備固めとして試合に使っていただくこととなった。いわゆる〝温情起用〟であることは私自身が一番よくわかっている。しかし、守備固めで試合に入ったとはいえ、打線の繋がりによって9回に打席に立つチャンスが回ってきたのだ。そこで私は、高校でも打ったことがなかったホームランを打ってしまうのである。これが野球人生を通じての第1号ホームランだ。その一球一打で私の野球人生はガラッと一変し、私はショートのレギュラーとしてその年の都市対抗予選を戦うこととなった。

創部2年目、当時は選手を集めていた時期で、チームとしてもまだまだ戦力が固まらない状況だったことも幸いした。そういうタイミングも、本当に味方してくれたと思う。そもそも高校に入学する時に、あれだけ周囲の反対を押し切って我を通したのに、いざ入学してしまうとあっさりとまわりに同調して、自分の個性を集団の中に埋没させてしまった自分が嫌だった。そんな時に、一度野球を辞めて距離を置いたからこそ、野球への思いと野球で生きていく道を取り戻すことができたのだと思っている。つまり、あのホームランは私の胸の奥にくすぶっていたモヤモヤを吹き飛ばす大きな一発となったのである。

あの空白の4年間がなかったら、そして、あのホームランがなかったら……。きっと私は、創成館のユニフォームに袖を通すこともなかっただろう。

九州三菱自動車と社会人野球

九州三菱自動車に入社したのは22歳の時。3年目の25歳で主将となり、27歳でコーチ兼任選手となった。社会人野球というものへの予備知識がないまま飛び込んだ世界だったが、実際に入ってプレーしてみると「こんなにとんでもない世界だったのか」と、ただただ愕然とすることばかりだった。

当時、九州の社会人野球は一大激戦区で、門司鉄道管理局（現・JR九州）に本田技研熊本といった現在でもおなじみの名門だけでなく、三菱重工長崎、電電九州、九州産交、日鉱佐賀関や新日鐵大分などが入れ代わり立ち代わりで全国への出場権争いを繰り広げていた時期である。

有力選手も数多くいて、私と年齢が近い世代では、阪神・オリックスで活躍して1試合19奪三振のプロ野球記録を保持する野田浩司が九州産交で投げており、本田技研熊本には1988年の南海ドラフト1位サウスポーで、私と同じ国東半島出身の吉田豊彦がいた。

また、長い選手生活の中で目の当たりにした投手でいえば、西武で活躍した潮崎哲也（松下電器）のシンカーはまさに〝消える魔球〟と呼ぶにふさわしく、現在は広島で監督を務める佐々岡真司（NTT中国）のストレートもめっぽう速かった。球速という点では、ロッテや巨人など4球団で95セーブを挙げるなどした河本育之（新日鐵光）もかなりのものだった。河本の場合は、独特の角度を持った左なのでかなり手を焼いたものだ。

さらに、同じ時期に社会人野球でプレーした選手には、メジャーでも活躍した野茂英雄（新日鐵堺〜近鉄〜ドジャース他）、球界ナンバーワン捕手として名を馳せた古田敦也（トヨタ自動車〜ヤクルト）、現中日監督の与田剛（NTT東京〜中日）らもいるが、残念ながら対戦機会に恵まれることはなかった。

そもそも九州三菱自動車は福岡市に本社を構える自動車販売の特約店、いわゆるディーラーである。硬式野球部は1984年の創部で都市対抗には3度、日本選手権には5度の出場を数える。プロにも多くの選手を送り込んでおり、最近では有吉優樹（千葉ロッテ）、谷川昌希（阪神）が一軍クラスで頑張ってくれているようだ。

会社は「三菱」を名乗ってはいるものの、三菱自動車の資本がほとんど入っていないため、本社の動向に左右されることはなかった。一方で、完全な地場企業であるため、他の社会人チームほどの経済基盤を持たない。チームの強化費や運営費には限りがあった。それでも周囲の企業チームが次々と姿を消していく中で、36年もの長きにわたって社会人野球の世界で生き続けていられるのは、私たち野球部員が社会人としての本分である社業を大切にしてきたからだ。まさに社会人野球の本質を体現するチーム、それが昔も今も変わらない九州三菱自動車の姿なのである。

誰からというわけでもなく「みんなから愛され、応援されるチームになろう」と、野球部員は言葉を交わしていた。その姿勢は高校野球に転向した今もなお、私の中で揺るがない信念として息づいている。

初の日本選手権で流した涙

私は35歳で九州三菱自動車の監督となった。監督1年目に野球部の活動予算が大幅に削られたうえに、数年後には「三菱リコール隠し事件」が社会問題となった。私たち九州三菱自動車も、いちディーラーとはいえ「三菱」を名乗っている以上は無関係では済まされない。我々現場の人間も毎日のようにクレーム対応に追われてしまう。それでも最初のうちは週3日の2時間練習を確保できていたが、会社から「日本選手権（の予選）が終わったら休部する。いずれは再開するが、その日がいつになるのか目途は立っていない」と〝無期限休部〟を通告され、野球部員もひとり、またひとりと会社を辞めていく事態に陥った。

およそ半年の休部期間を経て活動を再開したが、残った部員はわずかに16人。したがって、私も万が一に備えて兼任選手登録をしていた（幸いにも出場機会はなかったが）。これは選手には伝えなかったが、会社からは「都市対抗には間に合わないだろうから、秋の日本選手権一本に絞れ」という方針が打ち出されていた。「社会人は都市対抗こそがメインなのに……」と、なんともやりきれない気持ちを抱えたまま、私たちは9月の日本選手権予選を迎えることになったのだ。

半年の休部を経て再開した私たちに許された練習時間は、週3回、計6時間のみ。かつてのようにシーズンに備えたキャンプも実施できなかった。しかし、チームに残った野球部員たちは、会社や自分たちの身の上すらも危ぶまれる状況の中で、野球をするために残留してくれたいわば〝精鋭〟たちである。だから、ほんのわずかな時間であっても練習に集中できたし、チーム全体としても野球に取り組む姿勢はガラッと変わった。

そして、この年に九州地区第二代表として初の日本選手権出場権を勝ち獲ることになるのだから、野球は本当にわからない。この時は初戦の三菱重工長崎戦で敗れたが、そこから敗者復活トーナメントの5連勝で代表権を摑むことができたのだ。

「弱小チーム」とナメられ続けてきたうえに、活動休止でいよいよまわりからはノーマーク。しかし、そんな状況になればなるほど、私の反骨心は「なにくそ！」と燃え盛る。それは選手たちも同じだった。彼らは数々の困難を克服し、周囲からの懐疑的な視線にも打ち勝った末に、会社初の全国切符を手にしたのだ。これに感動した私は、人目もはばからずに号泣した。

初めての日本選手権では2回戦が初戦となり、能見篤史（阪神）を擁する大阪ガスに4－9で敗れた。たしかに、社会人トップクラスの左投手といわれた能見は素晴らしかったし、この大会で準優勝する大阪ガスを介して全国のレベルを肌で痛感することもできた。一方で「乗り越えることができない壁ではない」という手応えを得たことが、私にもチームにも大きかったといえる。

その初出場から2年後の日本選手権では、初戦でニチダイに5－0で勝ち、2回戦では9回3点差を逆転してのサヨナラ勝ちで、ホンダ鈴鹿に勝利した。準々決勝で大会覇者となる松下電器に2－13と力負けを喫したが、チームは見事に8強進出を果たすことができた。

劇的な試合となったホンダ鈴鹿戦では毎回安打を達成し、大会タイ記録の1試合6犠打を成功させている。また、通算9打数6安打の・667で首位打者を獲得した重石勝司（現・監督）と、攻守でチームを支えてくれた石井剛を大会優秀選手に選出していただいたことも嬉しかった。彼らは社会人野球界に、九州三菱自動車の名を広く知らしめるための大きな役割を果たしてくれたのである。

社会人野球には、全国大会への初出場チームがなかなか生まれないという特徴がある。オープン戦の時期は各チームとも新人を多く起用するために、格下が格上に勝ってしまうこともあるが、都市対抗予選が近づいてくるにつれてガチガチの主力級が出てくるようになる。そうなってしまうと、結局は力関係通りの結果に収まってしまうのだ。そのうえ代替わりする学生野球とは違い、各チームとも毎年劇的に顔ぶれが変わるわけではないから、それぞれの力関係に変化も生まれない。だから、社会人では創部して早い段階で勝っておかないと、10年、20年後に勝つことが非常に難しくなるのである。

ところが、九州三菱自動車は、創部19年で初めて全国の舞台に立ち、その2年後に日本の8強に名を連ねている。最大25人まで登録が許されるのに、選手は16人しかいない。数々の困難を克服した末に実現した、まさに高校野球のような劇的すぎる快進撃だった。

月間22台を売った伝説の営業マン

野球部の監督をやっていた当時は、社内では営業直販部の次長としてショールームにも立っていた。ディーラーのマネジメント業を任され、会議に出席することばかりだった。部下の商談に同席することも多く、自分で決めてきた実績を部下に付けてあげることも珍しいことではなかった。

選手兼任から監督専任になった頃から、とくに営業ノルマを課されることもなくなり、部下をコントロールする立場となる。私自身がノルマに追われていた当時は、今とは違って「印鑑をもらうまでは帰ってくるな」という時代である。夜の23時に商談をまとめて帰社するなんてことも日常茶飯事だった。

野球部は朝から午前中練習を行い、15時出勤でそこから8時間働けと言われていた。しかし、それだけハードな毎日を送っていたにもかかわらず、社内の優秀セールスはなぜか野球部員が占めるのである。いや、トップセールスが多かったからこそ、野球をやらせてもらっていたといってもいい。社内には「自分の給料を自分で稼ぐんだったら、どれだけ野球をやっても構わない」という共通認識があったため、野球部として活動していくためにも私たちはクルマを売り続けねばならなかったのである。

私自身も何度かトップセールスに輝いている。最高で月に22台を売ったこともあった。ちょうどバブルが終わろうとしていた頃だったとはいえ、月間平均で5台売れればいい方で、トップセールスでも多くて10台前後という時代だ。もちろん、22台を売った私は社内表彰を受けた。

少年野球の指導に行くと、そこには親御さんがたくさん顔を揃えている。こちらから「お願いします」とは言えないので「ウチもクルマを買いたい」と言わせるような雰囲気を、トークの中で作っていくのである。

22台を売った月には、福岡から長崎県佐世保市まで売りに行ったこともあった。今の九州文化学園で監督をしている元オリックスの古賀豪紀監督から「こっちにクルマを買いたいという人がいるので来てください」と連絡が入ったので、私はさっそく佐世保まで足を運んだ。そして商談をまとめて帰ろうとした時には、さらにあと2組のお客さんがそこに控えているのである。そうやって1時間のうちにたちまち3台を売ったこともあった。

古賀監督とは、九州三菱自動車で選手として一緒にプレーしていた仲だ。私が入社した時には、彼は高卒ですでに在籍していた。その後プロ野球へと進み、さらにクラブチームや中学野球の指導者を経て、私の1年遅れで高校野球の監督となった。今でも気兼ねなく野球論をぶつけ合うことができる仲だが、まさか当時は後に同じ長崎県の高校野球指導者としてしのぎを削り合うことになるなど夢にも思っていなかった。

とにかく野球をやりながらのセールスは苦しいことの連続だったが、今になって振り返ってみれば非常に楽しい時代だったと思える。

辛抱強く待ち続けた高校野球監督の座

かくして、まわりから猛反対されながらも、社会人で野球をやるという夢は叶った。そして現役の終わりがちらつく27歳頃から、私は高校野球の指導者になりたいという淡い願望を抱くようになる。

とくに意識していたつもりはなかったが、自分は現役時代に一度も甲子園の土を踏めていない。そういうこともあってか、心のどこかで聖地に対する強い憧れがくすぶり続けていたのかもしれない。

もちろん、高校野球で甲子園に行くためには指導者になる以外の道はない。しかし、高校野球の監督になりたいといっても、教員の免許も持っていないわけで、そうやすやすと学校現場に受け入れてもらえるとも思えない。通信で教職免許を取ろうかなとも考えたが、その時はただ考えただけで終わっている。

当時は、九州三菱自動車が一度も全国の舞台を経験していなかった。もし、社会人の監督として初めて全国に導くことができたら、どこかの高校から話があるかもしれない。あらぬところからチャンスが舞い込むかもしれない。そんな思いが、浮かんでは消えていくのである。

監督として社会人のチームを率いるようになってからは、選手獲得のために高校の試合を見る機会が増えた。また、チームで実施していた野球教室に高校生が来ることもあったので、高校野球との直接的な接点もなかったわけではない。技術的にはまだ何も教わっていない段階の高校生は、ちょっと指導するだけですぐに吞み込み、対応できてしまう吸収力の高さがある。その点はじつに面白いと思っていた。

志を抱いてから実際に高校野球の監督になるまでに、ここでも20年近い年月を要した。九州三菱自動車が初めて全国に行くまでに、想像以上の時間を費やしてしまったからだ。しかし、夢を実現するためならどんな苦労もいとわない。私はそうやって、ここまでの野球人生を歩み続けている。辛抱強さは、たしかに私の武器といってもいいのかもしれない。

創成館の監督就任に至るまでの経緯については、前述したとおりである。

「長崎県で一番」に。故郷に錦を飾る時

2008年の9月に監督に就任したのだが、2009年に入ったところで、創成館の野球部は練習グラウンドを失い、ジプシー生活を強いられることとなった。当初は学校からバスで15分ほどのところにある公営のグラウンドを使用して練習していたが、公営である以上は占有もできない。16時半頃に到着しても管理人から「18時からナイ

ターが入っとるけん」と言われて、1時間でグラウンドを追い出されたこともある。土日は草野球の大会などもあってほぼ使えない。現在の専用グラウンドとなる土地を見つけるまで、私たちはそんな環境で9か月を過ごしている。

現在、野球部が専用で使用しているグラウンドも、じつは借地である。もともとは海に面した萱《かや》の生い茂る湿地帯で、その中にぽつんとあった町内ソフトボール場もほとんど使用されていなかったため、雑草に覆われているといった有様だった。

工事は1月に始まったが、完成は大幅に遅れて夏の大会にも間に合わなかった。当時の保護者さん方も「練習ができないこんな状況で、本当に大丈夫なのか？」と騒いでいたが、夏前に行われたＮＨＫ杯で初のタイトルを獲得したことで騒動は拡大せずに済んだ。

そういう状況の中にあっても、私は「長崎県で1位になる」と公言し続けた。野球に関することなら、なんでも一番でありたい。その頃は30人ほどに過ぎなかった部員数も、県内で一番にしようと考えた。当時、サッカー部や一般生も入寮していた男子寮を「野球部だけで埋めるぞ」と言って、狼煙を高々と打ち上げたのである。

「部員数県内1位」という目標は就任から5シーズン目で達成することになるが、やはり1年目の夏に準優勝したことが大きかった。日の出の勢いで長崎県内のファイナリストに上り詰めていった過程を目の当たりにして、翌春に入部してきた選手の数は36人。それまで在籍していた2学年合計の2倍以上という大挙入部で、野球部は見違えるように活気を帯びた。彼らは私が直接声を掛けて入ってきた最初の代でもあり、初めて出場した2010年秋の九州大会でも1年生5、6人が主力として活躍してくれたのだった。

彼らが最上級生となったのが2011年秋。下級生時代からチームの中核としてプレーしてきた選手が多く、経験値というアドバンテージもあった。さらにこの年の秋の九州大会が私の地元、大分県で開催されることが数年前からわかっていたので、私自身も「この年代で故郷に錦を飾りたい＝センバツ出場を決めたい」という思いが強かった。長崎のチームを率いて、出身地である大分県で甲子園を決めるチャンスなど、そうそうあることではないのだから。

私たちは秋の長崎県予選が始まる直前に大分遠征を行っている。その練習試合が終わって高速道路に乗る直前、私はバスの運転手に行き先の変更をお願いした。そして向かったのが、九州大会のメイン会場となる大分市の別大興産スタジアムである。少しでも球場を知り、慣れておきたいという思いから、わずかな時間であっても球場練習がしたいと考えたのだ。

予約が入っていたために、練習は夕方の1時間に限られた。とにかく60分という短時間である。道具の出し入れやグラウンド整備の時間を考えれば、大した練習ができるわけでもない。中には戸惑いながら練習していた選手もいただろう。それでも私の中には「ここで試合をするんだ」、「ここで甲子園を決めるんだ」という強烈な思いがあったのだ。

長崎の予選では地区大会から危なげなく勝ち進んだ。県大会でも13-10という壮絶な打ち合いとなった清峰との準決勝、7-6と息詰まる1点差ゲームとなった長崎日大との決勝を制したことで、チーム全体に精神的な強さが備わってきていた。そして、初めての1位通過で2年連続の九州大会出場。しかし、それもすべては通過点に過ぎない。私の頭の中は「故郷での悲願達成」でいっぱいだったのである。

2年連続の準決勝コールド負け

長崎1位で出場した故郷・大分での九州大会。しかし、私の強すぎる意気込みが選手にはプレッシャーとなってしまったのか。長崎県予選では地区大会からの7試合で計59点を挙げた打線が、なかなか状態を上げてこないのである。

初戦は龍谷（佐賀）の継投に苦しみ、1－1のまま延長戦へ突入。再試合目前の15回裏に、7番打者の平田諒馬がサヨナラ打を放ち、薄氷を踏むような初戦突破となった。勝てばセンバツ当確のランプが灯る4強入りが決まる準々決勝では、情報科学（大分）に2－0で勝利。数年前から思い描いていた地元での甲子園切符の獲得は、達成されたも同然であった。

この準々決勝は夏の県決勝と同じで、どういう形であれ勝たなければならない。したがって、この時は10安打を放ちながらもなかなか得点に結びつけられずに苦しんだ打線に対する不安も、喜びが勝るあまりにさほど気にはならなかった。また、県予選から貫いてきた得点力を活かした勝ち方、つまり普段通りの野球ができていないという不安も、この勝利でどこかに吹き飛んでしまったのかもしれない。そうした中で、九州学院（熊本）との準決勝を迎えたのだった。

甲子園を経験していた主砲の萩原英之選手（ヤマハ）や好守強打の溝脇隼人選手（中日）、左腕エースの大塚尚仁投手（元巨人）に1年生の島田海吏選手（阪神）を加えたタレント軍団の九州学院は、さすがに迫力が違った。まずは初回に1番に入った萩原選手に先頭打者弾を喫し、3回には大量5失点。5回までに計8失点と、この時点で試合の大勢はほぼ決していたといっていい。問題は点差だ。秋の九州大会は、言うまでもなく翌春のセンバツ出場校を選考するための、重要な参考資料となる。九州地区の場合はセンバツ一般枠が4なので、秋の九州大会で4強入りすれば自ずと当確ラインに入ってくるのだが、準決勝でコールド大敗を喫してしまうと選考から漏れてしまう危険性が一気に高まるのだ。

私はこの試合で、野球人生で初めて「負け方」を意識した。普通であれば、そこからどうやって点差を詰めていくかを考えるはずだが、私は「いかに無難な負け方をするか」を考えて試合をしてしまったのである。九州大会でそういう心境になること自体がどうかしている。試合は0－9で7回コールド負け。4安打で無得点、おまけに4失策では弁解の余地はない。チームはこの惨敗によって甲子園の切符を手放し、私自身も気合い満点で臨んだ地元での大舞台で大変な失意を味わうこととなった。

翌秋の九州大会は学校の地元、長崎で開催された。前回の無念を大応援団の前で晴らし、今度こそ気持ちよくセンバツ初出場を達成したい。前年以上に強い気持ちを持って臨んだ長崎県3位代表の創成館は、初戦の神埼清明（佐賀）、鹿児島情報、久留米商（福岡）との3試合を無失点で突破し、再び準決勝へと駒を進めたのである。しかし、ここでも悪夢は繰り返されてしまった。

相手は打線好調の沖縄尚学。私は初戦から3試合をひとりで投げ切っていた大野拓麻（鷺宮製作所）を先発のマウンドへと送り出したが、さすがに本来の調子には程遠く、2回までに5失点。防戦一方のまま継投に踏み切ったが、相手の勢いを食い止めるだけの力は残されていなかった。1－8。まさかの2年連続、準決勝コールド負けである。結果的に、準決勝のもう1試合もコールドとなったことでなんとか落選は免れたが、じつに後味のすっきりしない甲子園初出場となってしまったのである。

負けて安堵した夏

「監督生活で一番苦しかった1年間」となったシーズン。その象徴的な出来事といっていい2011年秋の屈辱をさらに振り返ってみたい。

打線が本来の調子を取り戻せないまま、九州4強というセンバツ当確ラインに入った時、私は選手やマスコミに対して「まだまだや。目標は優勝なんだから!」と言って空気の引き締めにかかったが、実際はホッとしていたというのが正直なところである。もちろん準決勝も勝ちに行ったが、「負け方」を意識している監督が率いるチームが勝てるほど、勝負の世界は甘くない。

しかし、センバツについては「甲子園に出たこともない学校だし、選んでくれるかもしれない」という淡い希望を抱いていた。オフに入ると出場を前提としたマスコミの取材が続く。その都度「本当に大丈夫か？」と確認をすると、人々は「４強はクリアしているから」とか「大丈夫だろう」と言う。今にして思えば、みなさんもそう言うしかなかったのだということぐらいは理解できる。それでも「俺たちは甲子園に行けるんだ」ということを、頑なに信じようとした私がいたことは間違いない。

しかし、出場校発表の日に校長室の電話が鳴ることはなかった。多くのテレビカメラに囲まれ、割れる瞬間を持っている大きなくす玉の前で流れる静寂は、やがて虚しさ、辛さに変わっていく。あらためて「残念ながら選ばれませんでした」と校長に告げられた時、室内に響いたのは微かなすすり泣きのみ。あの無念さは、生涯忘れることはないだろう。

私は「ほら、練習するぞ」と言って、選手たちとグラウンドに向かった。いち早く夏に気持ちを切り替えていこうとファイティングポーズを取ったつもりだったが、チャンスは何度もないと思っていただけに、そこからしばらくは練習に身が入らない日々が続いてしまう。実際に私自身も体調を崩したし、後になって聞かされたことだが、選手間でもいざこざが発生し、ミーティングではしきりと罵声が飛び交っていたのだという。

数日間の病気療養を経て私がグラウンドに戻ると、夏に向けての再起を図る中で使用していた「春は絶対に優勝するぞ！」という言葉が、やがてスローガン化してチームに広まっていった。春に優勝して、また九州大会に行く。できれば次も九州学院と試合をして、今度は勝ちたい。彼らは日々一体感を強めていき、２０１２年春の長崎大会で見事に優勝を果たすのだった。もちろん九州大会とはいっても、春は甲子園とはいっさい関係がない大会だ。それでも彼らは、夏を勝ったかのように涙を流して喜んでいた。

そして佐賀で行われた九州大会の初戦で、因縁の九州学院との対戦が実現した。リベンジ達成とはならなかったが、両者の間にあった差は半年前の０－９から０－３と接近した。その頃には「どうしてこの試合が秋にできなかったのか」と笑っていられる余裕も蘇っていたが、この半年間で選手たちがひとまわり大きくなったと実感できたことが何よりも嬉しかった。

甲子園こそ逃したが秋に優勝、春に優勝、そしてNHK杯でも優勝。しかし、肝心の夏だけ勝つことができなかった（準々決勝敗退）。

NHK杯の優勝で県内では無敵状態となり、いよいよまわりは「センバツの無念を晴らす時だ」と騒がしくなってきた。私個人にも野球人生であまり経験したことがない、とてつもなく大きなプレッシャーが押し寄せてくる。そういうこともあって、準々決勝は「負けてホッとした」部分があったのも事実だ。もちろん選手たちには申し訳ないと思う気持ちはあったし、悔しさも例年以上に大きかった。

しかし、あの夏に限っては「やっと肩の荷が下りた」という気持ちの方が強かった。そうした心境になるのも野球人生で初めての経験である。間違いなく「監督生活で一番苦しかった1年間」となったが、一方で「もっとも勝たせてあげたかったチーム」は、間違いなくあの代でもあった。

継投野球への回帰

私たちは地元長崎で前年の無念を晴らし、かっこよく甲子園初出場を決めるはずだった2012年秋の九州大会で、またしても準決勝コールド負けを喫してしまった。しかし、私の野球人生そのものが、試合後にクルマの中で塞ぎ込んでいる間に激変したのだから面白い。

さすがに、沖縄尚学にコールド負けした時点では「俺はとことん持っていない男だ」とうなだれて「監督を辞めよう。責任を取ろう」という気持ちさえ湧いた。しかし、幸いにも私たちの後に行われた濟々黌（熊本）と尚志館（鹿児島）による準決勝第2試合もコールド決着（濟々黌8－0尚志館）となったことで「さすがに2校を落とすことはないだろう」という希望が芽生えるのである。そして、翌年のセンバツには準決勝でコールド負けした創成館と尚志館も選ばれ、私が駐車場のクルマの中で思い描いたとおりの展開となったのだ。

さらに翌2013年秋には九州8強止まりながら、優勝した沖縄尚学が明治神宮大会で優勝したため、神宮枠でのセンバツ切符がもたらされることになる。前年は地元応援団の前で煮え湯を飲まされた沖縄尚学に、今度は救われる形で2年連続のセンバツ出場が決まったのだ。「仮に沖尚が優勝すれば、神宮枠の最有力は創成館」と言われていたこともあり、私も神宮決勝の試合経過には注視していたが、7回を終えて0－8という時点で完全に諦めていた。ところが、沖縄尚学は終盤2イニングで8点差を大逆転してしまったのだ。まったく予期せぬ奇跡の選出となったことで、少なくとも「これで前年のことは水に流そう」という気分にはなった。

ただし、2011、12年と2年続いた九州大会準決勝での大敗を通じて痛感したことがある。ずばり「継投」の重要性だ。やはり投手は枚数がいないと厳しい。しかも高校野球のようにトーナメントの場合はとくにそれが言える。

2011年の秋は、初戦で15回を投げ切った大野が中1日で準々決勝を完投。そして3試合目となった準決勝で先発して力尽きている。2012年秋も2年生となった大野による実質一枚の状況に変わりはなく、初戦から準々決勝までの3試合すべてのマウンドを、私は大野に頼り切ってしまった。秋雨が降り続く涼しい大会だったとはいえ、4日間で4試合はさすがに苦しい。ただ、準々決勝までの3試合で大野が許した安打数はわずかに4、3、4。とくに2回戦では、現在の千葉ロッテでエース級の活躍をしている二木康太投手（鹿児島情報）との投げ合いを10奪三振、無失点という圧倒的な内容で制している。そんな神がかり的なパフォーマンスに期する部分はたしかにあった。それでも結局は、前年と同じ準決勝で力尽きてしまったのだ。

右、左、さらに上、横、下、変則と、投手のタイプは豊富であるに越したことはない。大野は140キロ前後の力強いストレートを持っていたが、タイプ的には右上のオーソドックスだ。しかし、当時は大野に楽をさせてあげられるほどの投手を、私が作りきれていなかった。

その後、甲子園初勝利を挙げた2015年夏や、学校最高の8強入りを果たした2018年センバツ、そして今現在に至るまで、創成館は複数のあらゆるタイプの投手を組み合わせながら、相手打線を幻惑していく野球を軸としている。こうした戦い方は、社会人時代から続けてきた「稙田野球」の真骨頂でもあるのだ。屈辱を味わった2度の秋が、私に継投野球への回帰を突き付ける結果となった。

横綱・大阪桐蔭「史上最強世代」攻略の秘策

2017年秋に初めて九州の頂点に立ち、臨んだ明治神宮大会では高校野球界の横綱・大阪桐蔭と初めて対戦した。藤原選手、根尾選手というふたりのドラフト1位選手だけでなく、柿木蓮投手（日本ハム）、横川凱投手（巨人）といった右左の超高校級投手をも擁する2018年甲子園の春夏連覇校である。錚々たる選手を輩出し続けてきた大阪桐蔭にあって「史上最強世代」と称された世代だけに、ひとりひとりの力は明らかにずば抜けていたと思う。

目の前に「TOIN」のユニフォーム、そして誰もがその名を知るスター選手たち。神宮大会にもかかわらず、スタンドから派手に選手たちを後押しする吹奏楽部……。

少しでも気を緩めれば、たちまち飲み込まれてしまいそうなオーラをふんだんにまき散らしている。それが横綱というものなのだろう。

前日のミーティングでは「憧れの大阪桐蔭と試合ができる」ということもあってか、選手たちのテンションは異様に高かった。これはよろしくないな、と感じた私は「お前たちがそういう気持ちで相手を見ていたら、ボコボコにされるだけだ。この試合に勝てば野球人生が大きく変わる可能性がある。だったら変えるつもりでやれ」と伝えて、試合当日を迎えた。

じつは、私の中にはひとつの手応えが芽生えていた。試合前ノックをショートで受けていた根尾選手を見ながら「たしかに上手には見えるが、雑さもある。守備なら決してウチも負けていないぞ」と確信したのだ。つまり、私は創成館の守備力が全国トップクラスにあることを大阪桐蔭を通して再確認できたし、むしろ丁寧さなら「ウチの方が……」とさえ感じたのだ。

もちろん能力も実績も格上の相手だから、選手たちはチャレンジャー精神を持ってぶつかることができた。と同時に「守りきれば勝負になる」という気持ちを持って臨めたからこそ、私たちは勝利を摑むことができたのではないかとも思うのだ。

大阪桐蔭は、振りの強さがこれまで見てきたどのチームと比べても格段に違った。しかし、弱点もある。高校生の打者には「配球うんぬんではなく、弱点をどんどん攻めていく」というのが私の基本的な考え方だ。

この試合で、創成館は先発した七俵をはじめ3投手で大阪桐蔭打線と対峙した。中でも左の藤原選手や根尾選手には、左の川原が投げる「外へ逃げていく変化」が非常に有効だった。先発した七俵に対してもそうだったが、やはり左投手にはタイミングを合わせづらそうにしていた印象が強い。

逆に右投手対左打者で見ると、外へのチェンジアップやフォークといったキレる縦変化がなければとても抑えられそうにない。だから右投手の伊藤は、無理に左打者の内角へは行かず、ストレート・変化球ともに外の出し入れだけで充分に勝負できたのである。もちろん大阪桐蔭は右も好打者揃いだったが、そこは逆に川原のチェンジアップが有効だったので、外を意識させておいての内角ストレートで詰まらせることもできたのだ。

とにかく相手は強力打線なので、理想は内角を攻めることが望ましい。しかし、問題はそこを正確に突いていけるだけの制球力があるかどうかだ。ほんのわずかなコントロールミスをも、相手は見逃してくれない。そのリスクを負ってまで内角を攻めるより、もっと効率的に抑える方法があるのではないか。そういう観点から対策を練った結果、勝負のカギは「左の川原の外へ逃げていく変化球」であるという結論に達し、その使い方こそが大きな糸口になると判断したのだ。明治神宮大会の大阪桐蔭戦は、そうした対策のすべてがハマった、まさに会心の勝利だったのである。

明徳義塾・馬淵史郎監督との〝再会〟

私には、高校野球の監督としてどうしても叶えたい夢があった。それが、馬淵監督率いる明徳義塾と試合をすることだった。歴代4位の甲子園通算51勝を挙げている大ベテランの馬淵監督は社会人野球の大先輩でもあり、社会人監督としても日本選手権準優勝という実績を残しておられる。高校野球界を代表する「勝負師」として、私も尊敬してやまない指導者のひとりだ。

馬淵監督とは社会人時代からお付き合いがあり、九州三菱自動車の時代にはＪＡＢＡ四国大会の際の練習場所としてグラウンドをお借りしたこともあった。また、馬淵監督の教え子を私の方で雇ったこともある。

２度目のセンバツに出場した２０１４年、抽選会前のことだ。朝のコーヒーを飲もうと喫茶店に行くと、すでに馬淵監督がいらっしゃって他の指導者の方々と談笑をされていた。そこでおもむろに声を掛けられたのだった。

「おい、お前はどこの出身やったかな?」

「別府大附属です」

「そういえば、社会人をやっている時に選手を獲りに行ったことがあったな。雨の中で一緒にキャッチボールをしたけど、結局その子は来てくれなかったよ」

「それが自分ですよ!」

「おお、そうやったんか!　なんちゅう縁や」

高校生の私を見に来てくださった近畿地区の社会人野球チーム、阿部企業の監督さんと雨の中でキャッチボールをしたこと。私の記憶と、その方こそが馬淵監督だったということが、初めてそこで一致したのである。それ以来、私の中で馬淵監督は以前にも増して気になる存在となっていったのだ。

その馬淵監督と、まさか明治神宮大会の決勝戦で相まみえることになるのだから、人の縁とはじつに面白い。もちろん勝負は勝ちに行った。しかし、前述のとおりで「日本一」への色気を隠し切れなかった私は、選手たちに無用のプレッシャーをかけてしまい、わずか4安打で完封負けを喫してしまう。この試合では出した走者をことごとくヒッティングで進めようと強気の策を採ったが、これが上手くハマらず3併殺で相手を助ける結果となってしまった。

試合後には「もっとバントを用いるべきだった」、「丁寧にセンター返しを」という声も多く耳にした。試合の流れを摑もうと、序盤からあえて打ちに行かせたのはもちろん私の責任だ。しかし、これについてはむしろ私の指示を忠実に実行しようとした選手たちを褒めていただきたい。

この代の創成館には右打者が多かった。対するは右サイドの市川投手である。前日までの試合を見る限り、市川投手は抜けたボールが真ん中に入ってくることが多かった。したがって、右打者が横目から真ん中に入ってくるボールを反対方向に持っていこうとすると、外のボール球になるスライダーまで飛びつこうとしてしまうし、バントするにしても決して簡単なことではない。だから私からの指示は「外を広くするな。引っ張れるボールだけを待て」というものだったのである。選手たちは指示通りに引っ張って強い打球を放ってくれたが、不運にも野手の正面を突くものばかりだった。

運には見放されたものの、右サイドの投手攻略法を全国の決勝という舞台で体験できたのだから、あの敗戦は決して無駄ではなかったと信じている。

苦闘の連続で掴んだセンバツ8強入り

前年秋の神宮準優勝チームということで、注目された中で迎えた2018年センバツ大会だった。結果的に春の初勝利を挙げることができたし、学校史上初のベスト8まで進むこともできたのだから、我々が得たものは決して少なくはなかった。

しかし、頼みの投手陣が万全ではなかった点は悔やまれる。神宮大会が終わった時点で、球速が140キロを超えている投手は何人かいたものの、どの投手も決め球が心もとないということで冬の間は変化球の精度アップを求めてきた。だが蓋を開けてみると、肝心のストレートが逆に走らなくなっていたのである。ストレートの伸び率は、はっきりいってゼロに近かった。これが大誤算だった。

そのうえ、一番期待していた右サイドの伊藤が股関節を痛めており、全力で投げられる状態ではなかったのだ。これで、一番後ろに持ってくることを想定していた投手がいなくなってしまった。最後の試合は2番手でマウンドに送り出したが、本調子とは程遠い内容だった。

そこで急きょベンチ入りさせたのが秋に登板のなかった右の酒井駿輔（日大）だったが、この酒井が重要な役どころでしっかりと持ち味を発揮してくれた。先発した七俵の後を受け、6イニングを被安打1、無失点と完璧なロングリリーフで川原にバトンを繋いだ2回戦（智弁学園戦）での投球は本当に素晴らしかった。結果的には、大会ごとに調子のいい投手がコロコロ変わっていったことも、この年代が勝ち上がっていったひとつの要因だったといってもいいのかもしれない。

初戦の下関国際に3－1、智辯学園に2－1。智辯学園との試合は土壇場の9回に同点として、延長10回に3番・松山隆一（九州産業大）のサヨナラ弾で勝利することができた。多くの人が準々決勝での「智辯対決」を期待していたのがわかっていたので、とくにマスコミの方には悪いことをしたと思う。しかし、そんなことは私たちとはいっさい関係のない話だ。

その智辯和歌山戦がじつに壮絶な試合となった。5回の表が終わって最大5点のリードを築いた創成館だったが、その時点でベンチの私は「あ、これはウチのペースではないな」と感じていた。打ち合いは、むしろ相手がもっとも得意とするパターンなのだ。案の定、5回裏が終わった時には、智辯和歌山がわずか1点差にまで迫ってきたのである。

試合が行われた2018年4月1日は、春にしては気温が高く、4万人を超える大観衆が埋めたスタンドの熱気も歓声も凄まじいものがあった。だからだろうか。「まるで夏のような試合だな」という印象を抱きながら戦っていた気がする。

智辯和歌山も後ろに行けば行くほど好投手が出てきた。9－7と2点リードしたまま9回二死、しかもフルカウントまで行った。勝利まであと一球だ。最後は川原にとっては最高のボールが内角に決まったが、判定は「ボール!」。ストライクとコールされても不思議ではない素晴らしいボールだった。そこから同点とされ、試合は延長戦に突入。10回に創成館が1点を勝ち越したが、最後は二死から逆転サヨナラを許したのだった。

試合後の取材で、私は「あの打球の速さを身に付けないと上には行けない」と談話を残したが、土壇場でこそ力を発揮する智辯和歌山の強さの神髄に触れたことが、私たちにとっては大きな財産となった。10－11で敗れたこの試合を経て、創成館は真の全国的強豪へステップアップを遂げるための明確な課題を手にしたのだった。

第三章

牽引力はこうして作られた

勝利に近づく人材育成、組織強化

先入観を持たずに先を読む

創成館の監督に就任する以前の私は、選手のチェック以外のことで高校野球を見る機会はほとんどなかったし、もちろん長崎県の情勢もまったくと言っていいほど掴んでいなかった。就任後も誰かのチーム作りや野球のスタイルを参考にしようと考えたことがなかったので、どこかの学校のグラウンドに足を運んだり、教えを乞うために特定の指導者を訪ねたりしたこともない。

前に述べたとおり、私が来た当時の長崎県は2009年春の全国制覇を達成した清峰がいて、大瀬良投手を擁する長崎日大がいた。また、江越大賀選手（阪神）や永江恭平選手（埼玉西武）ら豊富なタレントを揃えた海星、2011年のセンバツで横浜（神奈川）をねじ伏せた松田遼馬投手（福岡ソフトバンク）を擁する波佐見など、公立・私立入り乱れての非常に激しい戦いが繰り広げられていた時期である。

しかし、私は臆することがなかった。高校野球に染まっていなかったぶん「ウチの守備の方が上手い」、「ウチの方が上手くなるわ」という余裕を持ちながら、そうした戦いの輪の中に入っていけたのである。こうした監督の心理は選手にも大きな影響を及ぼすものだ。リーダーが臆していれば選手にも伝染するし、逆に大きく構えていれば、選手は余裕を持ってまわりを見渡せるようになる。当時は大した実績のなかった創成館が、大物食いを連発しながら短期間で県のトップレベルに肉薄できた一因は、そういうところにもあるのではないかと思う。

選手たちにも「相手に対して変な先入観を持たないように」、「間違いなくやれるから」と、執拗なまでに言って聞かせた。そして練習試合では、どんな相手だろうと一貫して勝ちにこだわり、チームに勝ち癖を付けようと努めた。「俺たちは負けない」という心理を作ることは非常に重要なことだ。

同時に必要なのは、先を読んだ組織強化である。私は社会人時代に「必ず金属バットから木製バットの時代が来る」と読み、他チームに先駆けて守備や走塁に主眼を置いた野球にシフトしていったという自負がある。また、木製になれば投手優位が進み、中でもアンダースロー投手の有効性はさらに高まるだろう。そこで私はアンダースローの大学生を補強し、後の日本選手権出場に繋げたのだった。

「高校野球も、今後は打者のレベルがますます向上していくんだろうな」と感じながら創成館に来た私だが、いざチームを覗いてみると左投手はいるし私の大好物のアンダースローもいる。「これは案外いけるぞ」という手応えを得たし、そこで確信した「守りや走塁をしっかり鍛えていけば、充分に勝負できる」という思いが、その後現在に至る創成館野球のベースとなっていくのである。

指導者ミーティングの重要性

現在、創成館には6人のコーチが在籍しており、指導歴の豊富なベテランから20代の若手指導者まで、バラエティに富んだスタッフが私を支えてくれている。それぞれに投手担当、野手担当と役割分担をはっきりさせており、育成中心のBチームを担当するポストもある。

私も極力グラウンドに立っていたい方だが、現在は信頼の置ける彼らに練習を一任することも多くなってきた。しかし、任せるといっても指揮を執るのは私だ。「高校野球だから監督の方は向いてくれないと困る。選手に何かを伝える時は、自分の言葉ではなく俺の言葉として伝えてほしい。選手たちの目を私の方に向けさせてほしい」ということだけは伝えている。

結果が出ない選手の言い訳として、一番あってはならないのが「監督はこう言っているけど、コーチは別のことを言っている。どうしたらいいのかわからない」というものだ。選手を混乱に陥れては元も子もないし、そういう逃げ道を選手に作られてしまうこと自体、指導者側の力不足といわれても仕方がない。そのあたりもコーチ陣には「頼むぞ」と強く念を押しているつもりだ。

指導者ミーティングは欠かせない。日曜日の練習が終わった時点で「ここからの1週間はこういうことをやっていこう」と方向性を確認し、投手コーチなら投手メニューを、野手メニューは野手コーチが1週間ぶんのメニューを組み、毎週月曜日にLI

NEで報告してくるシステムを組んでいる。

時には「ここはこうした方がいいんじゃないか」と指摘し、ディスカッションを重ねながら臨機応変にメニューを組み直すこともある。また「今週はバントを中心にやらせておいてくれ」などというように、予めこちらからリクエストを出したうえでメニュー考案をしてもらうこともある。

私の言葉は全部員に浸透させる必要がある。部員数が多くなれば、私ひとりの力が及ばない部分も当然出てくるのだ。そのためにも指導者ミーティングは必要で、常に意思統一を図っておかねばならない。

就任した当初は私とコーチのふたりで現場を切り盛りしていたが、部員数が増えていくたびに学校にお願いしてコーチの数を増やしていった。「部員が多いから目が行き届かない」などとは口が裂けても言ってはいけないし、何かが起こった時に「誰も指導者がいなかった」というのでは話にならない。大人数の部員を預かっているチームは、同時に多くの指導者を抱える責任もあるのだ。

また、若いコーチ陣には「コーチが選手に好かれるとはどういうことだ」と言っている。もちろん人間性を嫌われてしまうのは論外だが、現場に立つ指導者として選手たちから煙たがられるのは仕方がないことでもある。「楽しい」とか「優しい」と選手に言われる、または言われたいと思っているコーチが増えてきたことに違和感を覚えるのは、私が古い人間だからだろうか?

九州トップクラスのコーチングスタッフ

ここで、あらためて創成館のコーチングスタッフを紹介しておきたい。

昨年11月から部長に就いた下野研児は、私よりも2歳上の創成館前監督である。指導者としても教員としても豊富な経験を備えており、普段は責任教師としてチームの管理運営や雑務に追われながらも、週末はグラウンドで出身ポジションの捕手を中心に指導してくれている。2020年のセンバツは初めて甲子園のベンチに入る予定だったが、大会は新型コロナウイルスの影響で中止となってしまった。私も下野部長と一緒に甲子園で戦うことを楽しみにしていただけに、中止の決定は本当に残念だった。

寮監と野手を担当している末永知昭は福岡県出身。高校は宮崎の延岡学園でプレーし、大分の日本文理大へ進学した。大学で学生コーチを務めていた頃に日本文理大の中村壽博監督に「指導者になりたいのなら創成館で修行してこい」と言われ、2週間ほど創成館の寮に泊まり込んで指導者の勉強をしていたこともあるので、その頃から彼のことはよく知っている。卒業後は福岡県内の公立校で非常勤講師を務めたが、2年後に私が学校の方にお願いしてチームに招いた。私が買ったのは、私の野球観と共通する点が多かったことと熱心さである。20代とはいえ経験は豊富で、チームの隅々まで目が行き届く。最近は私の方から彼を指導することもほとんどなくなってきた。現在のチームでは、事実上のヘッド格といっていい。

投手コーチは九州三菱自動車時代の教え子にあたる松本真一。２０１６年に寮監兼指導者としてチームに加わった。松本は三菱重工長崎の補強選手として第70回都市対抗野球に出場。準決勝で勝利投手になるなどして、チームの準優勝に貢献した実績を持つ。さすがに第一線でプレーしてきた投手だけあって独特の感性を持っており、それがより活かされる形となれば創成館の投手陣はさらに飛躍を遂げることになるだろう。指導者としての伸びしろも充分に備えた人材だと、私も高く評価している。

２０２０年4月からは、新たに工藤功輝が寮監兼投手コーチとして加わった。山形県出身の工藤は23歳と若く、前年まで中部学院大の寮監を務めていた。高校野球の指導は今回が初めてとなる。気持ちのこもった熱い指導が特徴で、選手たちとの年齢の近さも大きな武器になっている。かといって、コーチと選手の距離が近くなりすぎてはチーム運営に支障をきたすことがあるため、現在はその微妙な距離感を模索している段階といえる。

育成を中心としたBチームを見てくれているのは、昨年4月に加入した寮監兼任の坂本博則と、B戦での指揮を任せている中村俊史だ。坂本は福岡県の東和大附属東和（現・純真）や久留米高専、山口県の長門や周防大島などで高校野球の監督・部長を歴任した大ベテランで、現在はチーム最年長。寮監としても生徒の心身のケアに努めてくれたり、具合の悪い生徒を病院に連れて行ってくれたりと、大いに助けてもらっている。35歳の中村は、現在のコーチ陣の中ではブランク明けの下野部長を除けば最古参となった。栄養学、食トレの面でもチームをリードしてくれている貴重な存在だ。

また、私が就任して以来部長を務めてくれていた森岡信浩が、２０１８年からGMという立場でチームの屋台骨を支えてくれている。

高校時代の「忍耐」と、社会人時代の「工夫」

もちろん、私自身が高校時代や社会人時代に積み重ねてきた経験は、現在の指導にも大きな影響を与えている。

私の高校時代は精神論全盛期だ。野球の練習以上に、精神修行の部分が非常に辛かった。よく覚えているのは、とにかく正座の時間が長かったということ。ミーティング中は足を崩すことを許可されたが、「足を崩せ」と言われるまでの前段階がとにかく長い。声が掛かるまで、軽く2時間は経過する。私の人生において、正座によって失神する人間を見たのもこの時が初めてだ。しかも、監督家族が寮に住み込んでいたため、生徒は24時間気の休まることがなかった。

当然のことだが、息も抜けないし手も抜けない。先輩からのプレッシャーも凄まじいものがあり、これらが耐え切れずに脱走する者も少なくはなかった。入学時には30人近くいた同級生も、ほとんどが途中で辞めてしまい最終的に残ったのは8人のみである。しかし、あの時代に精神面を大いに鍛えていただいたことが、今に活きていると感じる部分は多々ある。「忍耐力」がなければ、どんな技術指導を受けてもモノにはならない。コーチには職人肌の技術屋が多く、その指導はじつに細かくねちっこい。だから技術の向上には根気強さが必要なのである。

そもそも、選手は技術が足りないから指導を受けるのだ。選手に忍耐力がなければ、厳しい指導に付いていくことはできない。もちろんそれは、今になって振り返った時にようやく感じることであり、現役時代はとてもそこまで考える余裕はなかったのだが……。

社会人時代は少人数なうえに練習時間が2時間と制限されていたので、とにかく工夫の連続だった。そこに無駄な練習はいっさいなく、常に実戦を想定した試合形式の練習を行うのである。有効だったのは1か所バッティングだ。投手はここで打者を相手に投げて、打者は投手の「生きたボール」を打つ。それ以外の者は各ポジションで守備につけば、同時多発的に様々な練習が行えるというわけだ。

ただ、それも体がある程度できている社会人だから可能な練習である。すべてを高校生の練習に置き換えるのはちょっと危険だが、効率化を求めて様々な工夫を続けたことは決して無駄にはならない。逆に創成館で部員が100人を超えてきた時、いかに効率よく回して全部員に練習させるかを考えさせられた。そういう時にこそ、難局を乗り越えてきた経験が活きてくるのである。

また、社会人には〝それなり〟の選手が入ってくる。とくに大卒の選手ほど「俺は社会人野球のチームに乞われて入社したんだ」という、つまらないプライドを持った者が多かった。そんな彼らには「会社あっての野球部。会社に応援されない以上は野球ができない」ということを徹底して厳しく教える必要がある。したがって、その鼻っ柱をへし折ることが大卒ルーキーに施す最初の指導だった。このように選手の内面に触れながらの指導も、多くは社会人時代に培ったものである。

高校野球の監督に求められる資質とは

監督は勝負師である。その一方で、謙虚さも忘れてはいけない。とくに高校野球の世界は華やかだ。中にはたった一度の結果にふんぞり返ってしまう人もいる。

社会人野球の監督に就任してすぐの頃、福岡の中洲で行われていた中学野球の忘年会の席に呼ばれた時のことだ。革のロングコートを着て店に入るやいなや、店のマスターから「監督になったからって、調子に乗っていてはダメだ」と釘を刺されてしまったのである。自分自身は決して調子に乗っていたつもりはなかったのだが、第三者の目にはそういうふうに映って見えたのだろう。人は知らず知らずのうちに調子に乗ってしまう生き物なのだと、その時にあらためて痛感した次第であった。

監督という立場は、決して人に威張れるものではない。会社のトップからも「監督が偉いと思ったら大間違いだ」と言われていた。「役職が上がることで人間が偉くなるのではない。責任が重くなるだけなんだ」と言うのである。とくに高校野球の監督は、勝てば「甲子園」という華やかなステージに立たされるため、途端にちやほやされることが多い。私自身も調子に乗りかけたことはある。だが、勝った時こそ中洲での出来事を思い出すようにしている。そして「今こそ謙虚にならないといけない」と肝に銘じるのだ。

しかし、高校野球の監督は本当に面白い。「社会人、高校と来たら次は大学ですね」とか「社会人に戻ることはありますか?」などと聞かれることもあるが、全然そんなことは考えていない。むしろ「絶対にない」と今の時点では言いきっていい。それぐらい、高校野球の監督とは夢のある仕事だと思うからだ。

ただし、熱意のある者でなければ務まらない仕事でもある。「自分は監督になって野球部を指導したいんだ」という強い志のない者が、指導者という立場に立ってはいけないと思う。それは学校の教職員でも同じではないだろうか。「私は教員になって、生徒を指導していきたい」という熱意に乏しく、教員免許を持っているからという理由だけで「とりあえずは学校の先生にでもなっておくか」という教員が増えてきたように感じるのだ。

授業中に生徒が集中力を欠いて騒ぎ立てるのも、一概に生徒の責任と言いきっていいものか。その授業に魅力がないからだということも考えられるのではないか。私も学校職員として同僚の教員に「先生の常識は世間の非常識や」、「お前らにウチの子は預けられんけんね」（実際には長男が創成館を卒業した）と冗談めかして言うこともあるが、この点はどの学校であっても考えておかねばならない問題だと思う。

野球でも同様だ。練習試合などでバントを失敗した選手を激しく叱りつけている監督さんもいらっしゃるが、その選手を指導しているのは誰なのかを、まずは考えなければならない。

心理カウンセラーとして

２０１７年の１月に、通信で心理カウンセラーの資格を取得した。「資格を取りたい」と思い立った2016年といえば、すでに県内のトップランカーには位置していたものの、現状で満足してはいけないと強く意識し始めた頃である。また、部員が大幅に増えたことによって、ひとりひとりと密なコミュニケーションを取ることが難しくなってきた時期でもあった。メンタルはもともと関心のあった分野で、この時は約半年をかけての取得となった。

心理カウンセラーとして、まずは選手に自分の状況をシートに記入してもらう。それに加えて会話の中での仕草、目元や口元の動きなどを観察し、各々に合った心理療法を探っていくのである。実際に表情や顔のパーツの動きで、人の話を聞いているのかどうか、納得しているのかどうかは簡単に見て取れるものだ。

また、心理カウンセラーの資格を取ったことで、私の中にも大きな変化が起きた。まず、選手を叱ることがなくなった。「叱れなくなった」と言った方がいいかもしれない。もちろん叱ることがゼロになったとは言わないが、以前のように強い口調で怒鳴り声を上げることがなくなったのだ。感情で怒ったら、選手からは感情しか返ってこない。以前はやる気が感じられない子に対して「もう辞めてしまえ!」と言い放ったこともある。それが最近になって「こいつをなんとかしてやらないと」という考え方に変わっていったのである。

社会人時代はセールスマンを務めていたこともあって、とくに人間心理には敏感だった。人間には心臓を守ろうとする防衛本能がある。したがって、お客さんと会話をする際には心臓に近い方に立ってはいけない。心臓から遠い位置、それも少々斜めの位置から話しかけることで相手の気持ちを和らげるのである。子供たちと接する時も、彼らの右側から話しかけたり肩を組んだりするように意識している。

心理学を学ぶことは、自チームの子供たちと日々接する中での効果もさることながら、対戦相手の投手やベンチの様子を伺い、何かを察するという点においても大きな力を発揮する。「相手がこういう仕草をしたら動揺している時だからな」と言っておけば、そのうち選手が自発的に相手を観察するようになる。とくに捕手がそうした習性を身に付けてくれればしめたものだ。

ちなみに、他のスポーツでもっとも野球のメンタルに近いのはゴルフだ。多くのスポーツにオンとオフがある中で、野球とゴルフはオフプレーの時間が長い。実際にゴルフのボールを打つのは瞬間的である。

野球も投手が投げて打者が打ち、それを野手が処理してアウトにする。こうしてひとつのプレーが完結するまでに要する時間は、長くても数十秒くらいのものだ。したがって、次のプレーまでに考える時間は充分にあるのだ。また、考える時間が長いことで良い方向に転がっていくこともあればダメになっていくこともある。だからこそ、時間がゆっくり流れているオフプレーの間を大事にしなければならない。野球であればベンチにいる間、投手の投球間がそれにあたる。

人を否定せず、人前で褒める

心理カウンセラーの資格を取得して以降、私は人間を否定することがなくなったと自覚している。それがこの資格を手にしたことで得られた一番大きな変化であり、収穫なのかもしれない。

そもそも同じ考え方の人間同士は気が合って当然だ。しかし、そういう人間付き合いばかりしていると、視野はどんどん狭くなっていく。たとえば、学校にスポーツとはまるで縁のなさそうな教員が入ってきても、私の方から食事の席に誘うようになった。以前であれば考えられないことだ。新しく入ってきたばかりだから、話し相手がいなくて寂しい思いをしているのではないか。何よりもどういう考えを持った人間なのかを知りたいという、私の強い欲求が働くのだ。

だから子供たちにも「いろんなタイプの人間と付き合え」と言っている。野球人やスポーツをやっている人間は、その分野の者たちだけで集い、その小さな枠の中での話しかしない者が多い。もし、そういう枠の中にいる指導者から「野球馬鹿にはなるな」と言われたところで、選手たちに響くものなど何もないはずだ。

私は人に迷惑をかけることでなければ、その人のいいところを拾おうとして何の問題もなく許容する。ところが、面接官は常に欠点を探ろうとする。逆に私が面接を担当する時は、生徒のいいところばかりを探したい。仮に多少の問題を抱えていたとしても「これぐらいのことだったら、こちらの指導でなんとかできるだろう」と考えるのである。

中にはそれまであまり人から褒められた経験がなく、怒られ続けて生きてきた子供もいる。そういう生徒は、初見ですぐにわかってしまうものだ。そういう子はこちらが強く叱った時に、たとえ瞬間的に受け止めたとしても、彼らの目はすぐにどこかを彷徨いはじめ、話を聞かなくなってしまうからだ。

これは学校の先生たちにもよく注意することなのだが、子供を叱る時に〝おまけ〟まで付けて叱ってはいけない。たとえば授業中に居眠りをしていた生徒に「お前は●●だから、すぐに寝てしまうんだ！」と叱ってしまうことがある。この〝●●〟が余計なのだ。ここで叱るべきは授業中に居眠りをしたことであり、おまけまで付けて人間性を否定する必要はないのである。これは野球部のコーチにも言っている。「叱る時には余計な枝葉を付けるな」と。

また、小さい頃からいろいろ言われすぎて育ってきた子は、自信がなくなってしまっているケースも多い。自信のない子供には、まずは自信のなさを払拭させる意味でも成功例を作らせて、褒めてあげることが大事だ。たとえば、それが以前に何の接点もなかった1年生だとしても「バントはこいつが一番上手い」とか「バッティングのスタイルはこいつが理想やからな。こいつに力が付いてくれれば一番良くなるぞ」と、みんなの前で褒めてあげるだけで自信を取り戻すことがある。逆にそれを聞いた上級生などが「今まで気が付かなかったけど、こいつはそんなに凄いんだ」と、その存在を認めるようにもなるのだ。

私は選手に対して「いろんな考え方があって当然。俺にはプレーの好き嫌いはあっても、人間の好き嫌いはないよ」と伝えている。生徒にしても大人から褒められれば素直に嬉しいと思うはずだ。褒める時は人前で褒める。注意する時は人目の付かないところに呼んで注意する。いったん吐いた言葉は呑み込めないので、言動にはことさら注意が必要だ。

「危機への備え」に抜かりなし

「目配り、気配り」は、野球というスポーツを構成するうえでも非常に重要なファクターである。このふたつの〝配り〟がプレーに与える影響は非常に大きなもので、私は監督就任時から事あるごとにその重要性を説いてきたつもりだ。

創成館に来た当時は私が遠征バスを運転していたのだが、ふと横を見ると助手席には生徒たちによって置かれた巨大な水のキーパーがあった。

「お前たちね、俺がブレーキをかけたら、これがどうなるかわかるよね?」

「この先に何が起こるのか。こういうことが起きれば、どんなことになるのか。そうならないためには、どうすればいいのか。そこまで考えて行動しないとダメだぞ」

もちろん先の危険予測ができなければ、悲惨な状況を招くことに繋がる。私生活でも試合でもまったく同様である。このように、生活態度をただ指摘して指導するのではなく、私生活を野球に結び付けて考えるようにという指導を始めた結果、生徒たちはこちらが思うよりも早く、私が言っていることを理解してくれるようになった。

一方で、現場で指揮を執るリーダーにも危機管理や危険予測の力は求められる。たとえば、夏の長崎大会が行われる長崎県営野球場（ビッグＮスタジアム）は、人工芝の球場ということで非常に熱がこもりやすく、7月にはグラウンドレベルで気温が50度を超えることもある。だから、投手は複数枚作っておくというのも、危険を予測したうえでの危機管理でもあるのだ。

もちろん事が起こらないに越したことはないが、いざ起きてしまった時のために、次の手は用意している。こうした「準備力」も、社会人時代に培ったものだ。このように、社業で培ったものは、すべて高校野球の世界にも落とし込んでいきたい。

また、自分たちが危機的状況に陥ることを避けるためにも、メンタルの心構えは重要である。

たとえば、初回から超攻撃的野球を展開するチームが序盤でリードを築くことができなければ、選手たちはパニック状態に陥り総崩れとなってしまう危険性がある。ハイテンションで試合に入った相手を前にして、逆にこちらが水を打ったように静かに佇んでいても、相手はペースを乱されるはずだ。

私も、創成館に来た当初は一喜一憂しすぎていたと反省している。1本のヒットでベンチはいつまでも盛り上がっている。得点が入った時ならともかく、試合が継続している以上はすぐに次への備えが必要なのである。逆に点を取られた時は、いつまで経ってもしゅんとしている。試合も終わっていないのに、それではいけない。その隙に相手はどんどん付け入ってくる。つまり、自分たちが一喜一憂することで目の前の事態をないがしろにしてしまっては、相手と勝負する以前に自滅してしまうのは目に見えている。

また、叱る時のタイミングにも注意したい。たとえば試合中にエラーを犯した選手がいても、エラー自体を責めることはない。試合中にミスを叱責すれば選手が委縮するだけで、とても勝利への良策とは思えないからだ。ただし、その選手がミスをした後に下を向いていたなら、その時は叱らなければならない。時間は常に流れている。試合中に動きを再確認することは大事だが、試合が継続している間に反省している余裕はないはずだ。

「主将と選手会長」部内人事と部内ルール

創成館の野球部では、主将とは別に「選手会長」というポストを設けている。組織図でいえば主将とふたりの副主将の他に、主将と同格の「選手会長」がおり、その下に副選手会長を置いているのだ。主将や副主将はグラウンドを、選手会長と2名の副選手会長には寮生活や私生活をしっかり管理させるのである。

神宮大会で準優勝した2018年の代には、主将の峯を筆頭に人間力の高い選手が揃っていたが、あのチームの強さは選手会長をはじめとする「峯をサポートした者たちの強さ」でもあった。

そもそも峯自身がチームで一番やんちゃな存在だった。峯は中学時代から特別何かを指導されなくてもチームの中心であり続け、いわゆる〝お山の大将〟として過ごしてきた。しかし、高校2年の夏は峯が打てずに、3年生の夏を終わらせてしまうことになった。

単に言われたことを忠実に実行しようとする真面目な子は、指導者に叱られた時に「なにくそ!」と立ち向かってくる気持ちが薄かったりする。その点、多少やんちゃな子の方が、指導するうえでは手応えを感じるものだ。しかし、最近は指導者も厳しいスタンスが取れないうえに、むしろ指導のやり方を厳しく制限されてしまう時代になった。つまり、やんちゃすぎると制御が難しいのである。

そういう時ほど怒られ役の子を主将に置き、チームを上手く回転させていくという手法を取ることもあるのだが、そういう意味でも峯は打ってつけの存在だった。そこから峯はまわりのサポートを受けながら大きく変わっていき、高校生活の最後にはU-18侍ジャパン日本代表入りを果たすほどの選手に成長を遂げたのだ。

現在、チームの主将を務めている上原祐士も、リーダーとしての資質はピカイチだ。しかし、試合に出ないこともある選手なので、2020年のチームに関しては「ゲームキャプテン」という役職を設け、常に試合に出ている者にチームを牽引していくための権限を与えている。

このように、選手のポストは年代やチーム事情によって臨機応変に新設したり廃止したりしているが、私は指導体制と同じぐらいに学生スタッフの組織づくりを重要視している。

また、野球部員の恋愛については「部活動を阻害する恋愛は禁止」となっている。これを許してしまうと校内でイチャイチャしてしまうため、学校全体の風紀に悪影響を与えかねない。もちろん陰で付き合っているなんてことは、すべてお見通しである。高校球児がモテない方がどうかしているとも思うので、そこは黙認している。

携帯電話は学校への持ち込みが禁止されている。野球部員は自分の携帯電話を寮監室に預けており、使用する場合は寮監の許可を得なければならない。使用は練習後の21時ぐらいから23時の消灯時間に返却するまでの約2時間に限られているが、その間の使途については自由としている。SNSも禁止にはしていないが、使用にあたっては細心の注意を払わなければならない。以前はいろいろあったSNSのトラブルも最近はひとつの報告も受けていない。高校生自身、良し悪しの判断ができるようになってきたのだと思う。

データの重要性と直接目視の必要性
――ライブでしかわからない試合の流れ

創成館では3人の選手がデータ収集と解析を担当している。いわゆる「データ班」である。チームでは非常に重要なポストとなるだけに、できれば「野球が大好きな真面目な子」、「捕手」を任命したいと思っている。

県内の大会は長崎市と佐世保市の2会場で分散開催されることが多いので、2名と1名の二組に分かれて2球場の全試合を記録させている。彼らは試合に臨む前段階で必要なデータの扱いが主な任務になるので、試合中にベンチ入りするスコアラーと同一人物でなくてもいい。

データに関することなので多くは「企業秘密」だが、彼らの仕事を開示できる範囲で説明すると次のようになる。まずは球場に行って試合をビデオに収録し、配球傾向はもちろん打球方向などをチャート化する。さらにそのボールは捕手が構えたところにコントロールされたボールなのか、逆球がたまたまそこに行ったのか。とくにこのポイントはデータ野球を展開するうえでは非常に重要になってくるので、彼らが作成したチャートを手に私自身が直接試合の映像を見て再度確認するようにしている。

そもそも私の得意技が「癖を見抜くこと」だ。とくに高校生レベルではははっきりと癖の出てしまう投手が多い。それをミーティングで選手たちに伝え、実際の映像で確認できれば試合の入りの時点で優位に立つことができる。

逆に明治神宮大会の大阪桐蔭戦の前夜は、相手の映像をまったく見せていない。事前にチェックしたところで、植え付けられるのは大阪桐蔭の強力打線が常に打っているイメージばかりだ。チーム全体が委縮しかねないし、とくに投手は戦意を喪失しかねない。データは重要だが、実際にデータを活用する人間の心理状態も頭に入れておく必要がある。

私は自分の目で対戦相手をチェックしたいので、大会中はほとんどの試合に足を運んでいる。たとえばあるチームが盗塁やエンドランを仕掛けたのは、打者が誰の時で何回の攻撃だったのか。点差の状況はどうだったのか。もちろんそれらは映像でも確認できるが、現場の空気の中でしか体感できないこともある。それぞれの監督さんの癖や個性は試合にはっきりと表れるものだ。それを、肌で実感しておけば、データ上には表れない試合の流れを読み取ることもできるのである。

データは重要だが、もちろん頼り切ってもいけない。高校野球の場合、プロのように同じ相手と年間何度も対戦するわけではないので、データが豊富に残っているわけではない。時には相手の映像が1、2試合しかないという時もあるだろう。そういう時のためにも、監督が普段から直接観察する機会をたくさん設けておいた方がいい。

保護者との「大人の付き合い」

「評価はこちらでやります。自分で自分の評価をしないでください」

これは毎年春に、保護者と新入生を前にして必ず申し上げておくことだ。さらに新入生がユニフォームの採寸をしている時間に保護者だけを集め、こう付け加えておく。

「ここは年頃の男の集団が共同生活を送る寮なので、いろんなことがあります。ただ、息子さんが電話をしてきても、そこで安易に相談に乗るのではなく『すべては監督に預けているのだから、私ではなく監督に相談しなさい』と伝えてください。そういう心構えがなければ、おかしなことになりますよ」

子供からの愚痴や相談を親がすべて受け止め、それを学校や周囲の人に訴えかけている間は、その発信源となった子供の成長もない。すべて私に相談させるようにとお願いしているのは、子供の成長のためを思ってである。また、そこまでの責任を負うのが監督であり、私もそのために寮に住み込んでいるのだ。最近は子供たちと私が、直接コミュニケーションを取る環境がさらに充実してきたこともあるのだろう。ここへ来て、保護者からの相談もいっさい入ってこなくなった。

とはいえ、私は保護者の方々との「大人の付き合い」を大事にしている方だと思う。どの世界であっても「先生」と呼ばれる指導者には、無意識のうちに保護者と壁を作っていっさい接触をしないという方が多いと感じている。また、意識的に距離を置いている方も少なくはないようだ。私は以前から「あくまで普通の付き合い方をすればいいじゃないか」と考えていた。

だから、節目ごとに全保護者参加型の懇親会を開いてもらうようにお願いしているし、保護者からの「飲みの席を設けませんか？」という誘いがあれば、それが個人的なものでなければなるべく応じるようにしている。そういう席だからこそ、私の方も腹を割って話せることがあるのだ。

しかし、そこは「大人の関係」だからこそ、線引きもしっかりしておかねばならない。懇親会の席で若いスタッフにタメ口を聞いたり、下の名前で呼んだりと〝なぁなぁ〟の関係になってしまいそうな人がいれば、私の方から「それはおかしい」と注意する。また、突然の飲み会の誘いがあれば、私の方から若いコーチ陣に「お前たちは行かなくていい。俺ひとりで行ってくる」と予防線を張ることもある。

飲み会の席で起用法についての意見が出てくると「今は個人的な話をする場所じゃないから」と釘を刺すことになる。しかし、現在ではそういう話を私に仕向けてくる方は皆無だ。もちろん「どうすればいいのでしょうか？」という相談には応じるが、組織の和を乱しかねない一方的な〝我が子論〟はタブーである。

仮にそういうことを言ってくる方がいれば、そうしたコミュニケーションの場を継続していくことはないだろう。

練習試合では、応援に来られている方の息子さんを試合で使うことが多い。なぜなら、自分の息子さんの立ち位置を知ってもらえる絶好の機会になるからだ。「なぜレギュラーになれないのか」、「何が足りないのか」。実際に目の前でプレーを見て、その理由がわかれば「どうしてウチの子を使ってくれないんだ」というクレームはまず出てこないはずだ。

硬式出身か、軟式出身か⁉
――スカウティングのチェック項目

選手獲得の際は「面白い中学生がいますよ」という情報をいただいたうえで、私自らが足を運んでチェックしている。選手を起用する者として、どうしても自分の目で確認しておく必要があるからだ。

できることなら、大会を見たい。「球が速い、足が速い、飛距離が凄い」ということの確認だけなら、どこで誰が見ても一緒である。しかし、試合でなければわからないことがたくさんある。ベンチワークやグラウンドでの態度、振る舞い。捕手であれば気配りや目配りといった視野の広さ。これらは試合の中でしか確認できないことだ。

基本的に試合はバックネット裏から見ているが、右投手なら三塁側、左投手なら一塁側というように、選手と向き合った状態でのチェックも欠かさない。外野手を見る際には送球に注視する。送球の精度が高く腕のしなりもあれば「投手をさせたらどうなるか」という視点でチェックすることもあるし、その選手が左利きならなおさらフォーカスしなければならない。

全国的に注目されているような投手は、もちろん欲しい。しかし「ドラフト1位は誰が見てもドラフト1位」である。だから、より多くの時間を割いてチェックしなければならないのは、それ以外の選手たちだ。そして、投手を見るべき重要ポイントは「マウンドさばき」である。

中にはどんなに素晴らしいボールを投げていても、走者を背負うとたちまちダメになるという投手も少なくない。むしろ、中学生レベルではほとんどがそうだと言いきってもいい。そんな中でマウンドさばきや投球術だけでも優れた投手がいれば、チェックは外せなくなる。

また私は硬式、軟式出身の優劣を付けていない。それ以上に気になるのが「体の大きい、小さい」だ。もちろん体が大きければ内蔵される容量自体が大きくなるのだから、これは間違いなくアドバンテージだ。私も高校時代は体が小さかったので、その点はよくわかる。とくに一段高いマウンドに立つ投手は、体が大きく手足が長ければ長いほどいい。

近頃、野球界には「投手は軟式出身者の方が故障も少ないし、伸びしろもある」という格言が根付きつつある。２０１９年のプロ野球で開幕投手を務めた日本人11人すべてが中学軟式出身者であり、２０１９年のプレミア12で日本代表に選ばれた13投手のうち９人が軟式出身だったこともあるのだろう。創成館でも明治神宮大会で準優勝した代は、エースの川原以外はすべて軟式出身だった。ただ、私は「投手は軟式出身がいい」と決めつけているわけではなく、あの時はたまたま軟式出身の体の大きな投手が揃っていたというだけのことだ。

一方で「野手は硬式が有利」と言う人もいるが、それも一概には言えない。小中学校ともに軟式一本で来ている選手は、高くバウンドしたボールを上から被せる癖がなかなか抜けないのは確かだ。しかし、小学校時代にソフトボールを経験している子は硬式転向後も覚えが早い。バウンドの小さな球足の速いゴロへの対応に、硬式野球と通ずるところがあるからなのだろう。

毎日練習している軟式出身者の方が怪我も少なく、毎日の練習に慣れない硬式出身者の方が高校に入って怪我をしてしまうケースもある。したがって硬式・軟式いずれの出身であってもいっさい関係はない。むしろそこでの先入観は、選手を見る目にフィルターをかけてしまうこともあるので、持たない方が賢明だと私は思っている。

創成館に県外出身選手が多い理由

出場するはずだった2020年のセンバツ時点で、創成館は選手の75%が長崎県外の出身者だった。

「長崎県のチームである以上は、長崎県出身の子を中心にしたチームであることが理想だ」というまわりの声に対して、反論するつもりはない。当然、理想としてはそれが最高であることは、私も同感である。

しかし、地元の諫早や長崎県中地区の子でなければ、もしくは「創成館に行きたがっている」という明確な意思が確認できなければ、こちらから積極的に声を掛けることは遠慮させていただいている。これには私の確たる信念があるからだ。

高校野球は共存共栄で成り立っている。それぞれの地域にも、甲子園を目指す野球部を残さねばならないのである。幸いなことに創成館は県外のルートも確立されており、選手の獲得に苦労することはない。それなのに県内の有力選手を青田買いしていては、地域によっては野球部存続の窮地に立たされる学校も出てくるだろう。

そのうえ、最近になって県の方からも「どんどん県外の子を入れてください」という話があった。県外出身の子が創成館を卒業し、大学を経て再び長崎で就職する。そういう人材を増やしていきたいのだという。実際に他県出身者でありながら、創成館を卒業した後に長崎で生活している者もいる。私がやってきたことも最初は非難を浴びる一方だったが、少なからず長崎県にも貢献できていたのだなと思う。

現在は関西や関東、沖縄出身の選手も在籍している。また、現チームで学生コーチ兼任選手の岡本航海は神奈川県出身で人間性も素晴らしい。彼に創成館を志望した理由を尋ねると「甲子園のテレビ中継を観た時に楽しそうな雰囲気で野球をしていたから」と答えていた。神奈川県内や関東圏にも数多くの選択肢がある中で、わざわざ長崎の創成館を選んでくれたことが、私にはこの上ない喜びなのである。

依然として創成館を「県外組だ」、「ガイジン部隊だ」と非難する人たちには、岡本のような子がいることを知ってほしい。中学校を卒業した時点で、親元からこれだけかけ離れた場所に単身で乗り込んでくるその思い。15歳の少年がどれほどの肚を決めて、遠路九州を目指したのか。そこを理解してあげてほしいし、長崎県には他県の中学生をも惹きつけるだけの魅力を持った学校や野球部が複数存在していることを、もっと誇りに思っていただければ幸いだ。

監督の器と目指すべきスタイル

監督の手腕によって、チームは大きく変わる。それが顕著に表れるのが、高校野球である。指導者として痛感しているのは、やはり監督の器以上のチームはできないということだ。創成館は長崎県内のチームとも頻繁に練習試合をこなしているが、長崎日大を率いておられた金城監督や海星の加藤慶二監督など、それぞれに形状は異なるものの、器の大きさという点で共通している。

加藤監督は私と同じ社会人野球出身（ＪＲ九州）だ。彼は私より10歳下だが、２０

19年の夏を含めすでに春夏5度の甲子園で指揮を執り、2016年センバツでは8強入りを果たした県内を代表する指揮官のひとりである。厳しい練習で選手を磨き上げるスタイルで知られ、江越選手や永江選手、平湯蒼濫選手（三菱重工神戸・高砂）など、多くの有望選手を世に送り出してきた。私は彼ほど厳しくはできないが、海星は厳しい練習をこなしているからこそ、どんなに劣勢であってもそれを克服して毎年夏に浮上してくるのだ。

時には、海星のようなチーム作りをしなければいけないのかなと感じることもあるが、私がひとつの理想としているチーム像がある。それは、甲子園でも対戦した健大高崎（群馬）だ。甲子園での敗戦を学びとして、「機動破壊」といわれる独特のスタイルを微妙に変化させているように映るが、むしろ私は健大高崎が繰り広げてきた機動力と守備力で甲子園の頂点に立ってみたい。

トーナメントの短期決戦では「足」と「守り」が絶対に必要だ。私はこれらを全面に押し出した野球であっても、日本一になれるのではないかと信じているし、そういうスタイルの野球だからこそ、日本一に立たなければいけないとも思っている。

全国を見渡した時に、最速150キロのスーパーエースを抱えたチームや、どの打順からでも本塁打が飛び出すような強力打線を持ったチームが、果たしてどれだけ存在するだろうか。投手を中心とした守備の力を鍛え上げ、小技を絡めながら挙げた得点を一丸となって守り抜くというスタイルを展開しているチームが、地方の公立高校を含めほとんどのはずである。

最近の甲子園は、決勝戦でも二けた得点。しかも、ワンサイドゲームが増えてきた点が少々気にはなっている。この金属バット全盛の時代だからこそ、1－0や2－1といった決勝戦があってもいいではないか。むしろ金属バットが使用されている間に、そういう頂上決戦を繰り広げて勝ちたい。それを実現させることで、多くの人々に勇気をもたらすことができると信じているからだ。

やはり野球は守りだ。そして、私たち創成館も「守りの野球」で勝ちたい。次の章では、そのあたりをさらに深く掘り下げてみたい。

第四章

守り勝つ野球
日本一のディフェンシブベースボール

2年半では都市部の打力に追いつけない

そもそも、なぜ私が「守り勝つ野球」を目指したチーム作りをしているのかを説明しておきたい。これも私が社会人野球出身だったことが大きく影響している。

当時の社会人野球は金属バット全盛の時代であった。これを抑えるために、まず必要なのが投手力だ。金属バットを振り回して圧倒的な打撃力を誇るチームであっても、これを力で抑えつけることができるスーパーエースが一枚いれば、1試合は勝てるだろう。しかし、トーナメントを勝ち上がっていくためには、それでは不充分だ。そこでもっとも有効な策は「継投」であるという結論に行き着いた。

高校野球でも甲子園に行けば、社会人野球の選手と見紛うほどの体の大きな選手がゴロゴロいる。実際に私自身も、金属バットの利点を活かした打撃のチームを作ろうと考えたこともあった。しかし「水物」と言われるほど計算の立ちにくい打力で、トーナメントを勝ち切ることは難しい。少なくとも私が理想とする野球の中では、そうしたチーム作りは難しいと感じたのだ。

また、我々のような田舎のチームには、関東や近畿のように能力と体格に恵まれた選手は簡単に集まらない。したがって、どんなに打撃練習に力を入れても、引退を迎える3年夏までの2年半では、都市部の選手たちに追いつくことはできないのである。であれば、その他の項目で上回らなければならない。

私が繰り広げたいのは「負けない野球」である。試合に敗れる時は、必ずと言っていいほどミスが絡む。逆に考えれば、ミスをしなければ勝利は向こうから近づいてくる。だから打力以上に投手力や守備力を磨いていけば、どんなチームとも対等に戦うことができる。

それは、試合の流れに当てはめて考えるといい。たとえばひとつの併殺プレーによって、試合の流れが一変することがある。打ち取った側は気持ちが高揚して自軍の攻撃に入っていけるし、打ち取られた側は負の気持ちを引きずったまま守備につくことになる。つまり、守っていながら、攻めている側に精神的ダメージを負わせることができるプレーもあるのだ。精神的優位に立って試合を進めていくためにも、必要なのは守備力であり、それこそが「負けない野球」の根幹を成すものである。

そして私は選手たちに「アウトを取るための守備力」を求めている。基本や形を意識しすぎるあまりにスピードを欠き、いかにも教科書通りといった動きで捕球・送球しても打者走者を残してしまっては意味がない。だから、私はより実戦的な守備を大事にして指導してきたつもりだ。この章では、あらためて投手力を含めた守備に対する私の考え方を述べていこうと思う。

コンバートも辞さず、タイプの異なる投手を揃える

まずは「守りの野球」の中核を成す投手力について持論を述べたい。私が継投策を重視している理由は前述したとおりだ。トーナメントを勝ち抜こうと考えたら、やはり複数投手陣によるリレーやローテーション起用が望ましい。

継投を成功させるために、まずは計算できる投手力のあることが大前提になってくる。とくにバラエティに富んだ異なるタイプの左右の投手を揃えることが理想である。

高校野球の場合、本当に技術力の高い打者はチームにひとり、ふたりほどしかいない。あらゆるタイプの投手に対応できる打者は、そこからさらに絞られてくる。右上のストレートには強いが、変化球には脆い。左には強いが右サイドに弱い。そうした打者の特性を見極めて、配球やポジショニングを指示しながら試合を運べば、なんとか抑えられるだろうという考え方だ。

重要なのは、試合で投げられる実戦的な投手をどれだけ揃えられるか、だ。

左投手には右打者の外角への球筋を重視したい。左投手に「お前たちは右打者に対して、まずはどのコースをイメージする?」と尋ねると「内角へのクロスファイアーです」と答える者が多い。しかし、右打者のほとんどはクロスファイアーをイメージして打席に立っている。したがって、必要なのは外角への制球力だ。むしろシュート回転して外へ逃げていく球筋が望ましく、それで外角にしっかり投げ切ることさえできれば何の問題もない。

右サイド投手にしても、シュート系の球で右打者の内角を突くことができれば充分に使える。いずれもベースの中心に向かって入っていく球筋より、ベース板をかすめて外へ逃げていく球筋があれば、より実戦向きで望ましいのである。

左投手ならサイズはさほど気にならないが、右の場合はやはり170台後半から180センチぐらいは欲しい。170センチそこその身長で真上から投げ下ろす右の投手が、140キロぐらいのボールを投げても、現代の高校野球で抑えきることは非常に難しい。であれば、135キロでも横から投げるなどのアクセントが必要だ。私は常にサイド投手を求めているので、二遊間の選手の中からスナップスローに優れた者を投手に転向させることがある。また、過去にはそうしたコンバートが成功したケースも多い。

野手を投手として抜擢する際には、ノックで送球の柔らかさを見て取れればさっそくブルペンに入れてみる。そこでの形が良ければすぐに転向を打診するのだが、話を聞けばほとんどの者が中学時代に多少のマウンド経験があるものだ。しかも、直前まで二遊間でレギュラー争いをしていただけあって、フィールディングは抜群に上手い。

むしろ走者を背負っている時に安心して見ていられるのは、投手専門で入ってきた者より転向組だったりもする。フィールディングに加えてクイックが上手く、牽制の勘も非常に素晴らしいからだ。また、そういう投手に打力があれば、野手としてスタメン出場させておいて、試合途中から登板させるといった戦略的オプションも増すのである。

創成館の継投策❶
信頼度の高い投手ほど後ろで使う

初めて甲子園に出場した2013年春は、福岡ソフトバンクの主力選手としてもおなじみの上林選手を擁する仙台育英に敗れている。2回までに5点を取られるなどして、終わってみれば2-7の完敗だった。この時の創成館は、投手が実質一枚だった。替えの投手が見当たらず、甲子園にはコールドもない。「いったい何点取られるんだろう？」という恐怖を感じながらの試合だった。社会人野球でも継投を主軸として戦ってきたが「高校野球の世界でも、全国の舞台で勝っていくためには、やはり継投だ」と再認識したのがこの時である。

継投においては後ろに信頼の置ける好投手を残しておけば、思い切って攻めの継投に踏み切ることができる。「後ろに良い投手が控えているから」という安心感があれば、先発した投手も短いイニングで力を発揮できるし、守っている野手も落ち着いて守りに集中できるだろう。

先発投手には「ゼロで抑えろ」とは言わずに「行けるところまで行け。後ろにも投手はいるから安心しろ」と言って送り出す。そういう意味では、先発投手が一番楽な立場と言えるかもしれない。中盤から終盤にかけて出ていく投手ほど、一球の失投も許されなくなるからだ。

かつての野球のように、継投をすることで相手にチャンスが行くことはない。ピンチを迎えて仕方なく踏み切るといった継投ではないからだ。

「エースが投げた方が失点する可能性は低いのだから、先発マウンドには背番号1を送るべきだ」という意見も理解できる。しかし、守り重視のチームほど後半勝負を意識しているものだ。終盤で競り合うためにも、状態の良い投手が後から後から出てくれば、相手打線に与えるダメージ以上に、守っている選手やベンチに絶大なる安心感をもたらすことになるのである。

私が考えるエースの第一条件は、先発完投能力を備えていることだが、背番号1を付けているからといって必ずしも先発に起用するという考え方はない。

後ろに信頼度の高い投手を残してはいるものの、もちろん先発投手を信頼していないわけではないし、誰でもいいというわけでもない。事前に映像で相手打線の特徴をチェックして「この子ならゲームを作ってくれる」という確信がなければ、とても先発という大役は任せられない。「スターター」は、文字通り試合の流れを左右する重要な役割なのである。

明治神宮大会の大阪桐蔭戦も会心の継投だった。ある意味、奇策といってもいい起用となったが、先発させた七俵は直前の九州大会で一度も登板のなかった投手だ。当然、相手はデータを持ち合わせていないだろうし、同じ180センチ超の長身左腕といっても、キレと強さを備えた川原と緩急を得意とする七俵とではタイプが違う。これが案外有効なのではないかと考え「後ろには川原や球の速い伊藤もいるから」と、安心して先発のマウンドに送り出すことができた。

また、相手が相手だけに「ここで好投すれば、少なくともこの子の大学進学は決まるな」という肚があったのも事実だ。七俵は3回を投げて3失点（自責1）だったが、期待以上の投げっぷりで相手のペースをかく乱してくれた。決勝の明徳義塾戦でも先発して七俵は6回を2失点（自責1）と好投した。卒業後の神奈川大進学という道を、自らの左腕で切り開いたのだ。

創成館の継投策❷
サブ投手の存在とメンタルが継投に及ぼすもの

先発を含めた起用の順番は試合当日に伝える。野手のスターティングメンバーにしても同様だ。前日までに伝えてしまうと、スマートフォンを経由して情報が事前に漏れてしまう恐れがある。試合の朝にスタメンが記されたボードをベンチで確認し、選手たちはその日のオーダーを知ることになる。選手たちもそれに慣れているのか、当日に起用を告げられても驚いた様子はない。

選手たちが先発を知る前段階で、私と投手コーチは起用順や起用意図を確認し合っている。私の見解を担当コーチに余すところなく伝え、それをもとに両者間で起用法が確定し、投手コーチが選手に伝える。そして私が主導するバッテリーミーティングで、あらためて確認事項を徹底していくという流れだ。

また「先発のサブ」を設けているのも創成館の特徴といえる。私がとくに重要視しているポジションが、このサブ投手といってもいいだろう。

プレイボール直後のライナー直撃で、先発がいきなり負傷退場しないとも限らない。そうしたアクシデントへの備えとしての役割がひとつ。仮に先発が何のアクシデントもなく3回を投げ切ったとしても、サブが2番手に回ることはない。2、3番手で投げる投手は最初から決められた投手が担当するので、その場合は先発サブがクローザーサブに回ることになる。

また、先発が5回まで持った場合に2、3番手で予定していた投手の起用がなくなることはあっても、サブはあらゆることを想定しながら準備しておかねばならない。これがふたつ目の役割。つまり、先発が3回をクリアした時点で、サブは「いつ投げるのかわからない状態」となるのだ。しかも、彼らは予期せぬスクランブル登板の中でも、いきなりのトップパフォーマンスを求められるのである。

サブを用意しておくことで、不測の事態を不測の事態と思わなくなる。危機管理への意識を高めることにも繋がるため、その存在はチームにとって非常に大きな戦力となるのだ。

一方、継投においてもっとも難しいのが「代え時」である。これは何年指揮を執っていてもじつに難解で、「せめてこの回まで持ってくれ」という気持ちで引っ張った時には、だいたい痛い目に遭うものだ。

まず、継投において非常に大きなウエイトを占めているのもメンタルだということを忘れてはいけない。仮に9回裏で走者は満塁。1点を失えばサヨナラという場面で「しっかり抑えてこい」と、リリーフのマウンドに送られる投手の心情はいかばかりか。プロの投手でもこういう局面を乗り切ることは難しいのだから、未成年の高校生だとなおさら苦しくなるだろう。理想は回のアタマからの継投だと思っている。しかし、少しでも心理的負担を軽減した状態でマウンドに送り出したい。だから私にはひとつの考えがあるのだ。

たとえば先頭打者の出塁を許す。だったら、バントをさせて一死二塁の状況を作り、一塁ベースが空いた状態で継投に踏み切るのである。「四球でもいいから思い切って腕を振ってこい。どうせ一塁が空いている。次の打者から勝負するつもりでいい。そもそも二塁走者はお前が出した走者じゃないんだから、1点ぐらいどうってことない」と伝えて送り出せば、不思議と無失点で切り抜けることが多いのである。

まず、試合自体が猛烈な勢いで流れようとしているのに、リリーフで登板する投手の心身が温まっていない。しかも得点圏に走者がいて、ワンヒットで1点というプレッシャーのかかるケースだ。それなら最初の打者に痛打されて失点するよりも、四球でもいいから最初の打者に球数を使って試合に慣れた方がいい。仮に四球で一・二塁となっても、内野手はむしろ守りやすくなる。

練習試合ではあえて二死から継投することもある。たったひとつのアウトを取るだけでいい。そういう小さな成功体験を日頃から積み重ねていくことも、投手のメンタルを強化していくうえでは重要になってくる。

創成館の継投策❸
継投策に秘められた〝本当のリスク〟

一般的に考えれば、継投すればするほどリスクは増す。創成館のように、後ろに信頼度の高い投手を残しながら展開する継投は、とても勇気が必要なリレー形式でもある。そもそも投手が交代するたびに、投手にとっては何よりも難しい「試合の入り＝立ち上がり」が繰り返されるのだ。成功すれば称賛を集める一方で、失敗すれば批判の的となるのも継投策である。だからベンチの指揮官も、継投策に打って出る際には相当の覚悟を持って臨まなければならない。

2、3番手と後ろに行けば行くほど、失投も失点も許されない厳しい登板となる。そういう追い込まれた状況を想定した練習は、常にブルペンで取り組んでおく必要がある。長いイニングを投げるわけではないので、打者やカウントを想定させて、トップギアでとことん投げさせるのである。通常の練習日だけではなく、試合中のブルペンでもそうした準備は必要だ。

ブルペンで気を付けなければならないのは「音」である。よく「ブルペンでは良かったのに、試合では……」という投手のコメントを見かけるが、これは〝勘違い〟に起因していることがほとんどだ。球場のブルペンは捕球音が響くので、気持ちよく投げられるぶん勘違いもしやすい。試合で投げてみて「あれ？　ちょっと違うな」と気づいたところで、すでに手遅れなのだ。

だから私は「あまり良いイメージを持ってマウンドに行くな」と言っている。むしろブルペンでの調子の良さを疑ったり、調子の悪さを自覚したりしている方が、投手も慎重になるので好結果に繋がることが多分にある。

誰にとっても失敗は怖いものだ。私自身の采配を振り返ってみても、投手を代えきれずに失敗したことはたくさんあった。早め早めに交代して結果的に失敗したとしても「仕方ない」と割り切れるが、決断できないまま投手を引っ張ってしまい失敗した時には後悔しか残らない。したがって、私は悩んだら代える。幸いにもそれを可能にするだけの投手陣がいるからこそ、ではあるが。

だが、最近は「継投には功罪がある」と感じることもある。

私の中には、依然として絶対的な大黒柱となるひとりの投手を育てた方がいいのかな、という思いもくすぶっている。

それに継投の場合、ピンチで交代させてしまうことが人間教育的に果たして正解なのか。人間としての強さを養うことができないのではないか。チームとしてピンチを乗り切ったとしても、それはあくまでチームとしての成功体験であって、個人の経験値としては蓄積されていないのではないか。また、危機を迎えても「他者が助けてくれる」という考え方を助長してしまうことにも繋がるのではないか。

ひとりの投手が9回を完投するということは、試合の中で訪れる難局を何度も乗り越えてきたことを意味している。だから私は、継投策を採りながらも試合に送り出す投手には完投能力という前提を求めるのである。難局を乗り越えてきた者たちの精神力を継投の根拠にしたい、というのが本心だ。

メンタルにおいては、実戦でしか鍛えられない部分がある。時にはひとりの投手に1試合を任せることも必要だ。そうやってピンチを克服できるだけの精神面の強化は、練習試合で絶対にやっておいた方がいい。

各ポジションに必要な資質

ここからはポジション別に私が求めている守備力、資質を紹介していきたい。

投手
「外へ、外へ」の球筋とファストボール（真っすぐ系）の危険性

投手の生命線は制球力と緩急だと考える。とくに制球力である。これは両コーナーへしっかりコントロールできるか。ベースの上から両サイドへ漢字の「八」の字を描

くように散っていく球、それがたとえ癖球と言われるものであっても私は大歓迎だ。

高校生の捕手は、練習から難しいコースに構えすぎているように感じていた。高校生レベルの投手は、ただでさえストライクゾーンにコントロールできる技術がないのだから、神経質になって制球力を求めるのも酷な話である。試合でもバッテリーが細かいことを考えすぎて、制球力を意識しすぎるあまりに四球を連発してピンチを広げてしまう。ピッチングとは、本来「外へ外へ」というものであるはずが「中へ中へ」となってしまう。コースにコントロールできずボール、ボールで入って、挙句の果てに中に入ってきたところをガツンとやられてしまっては元も子もない。

そのあたりのことはブルペンでもしっかり指導しているつもりだ。基本的に性格が細かすぎると、完璧を求めがちなので難しい部分もある。ただ、投手には神経質に完璧を追求するタイプが多いから、人一倍手を焼くのである。

もちろん、ぶれない芯が一本通っていることは悪いことではない。しかし、そうした性格の中にも「どうにでもなれ！」という気持ちもあった方がいい。ここぞという場面では、そうした開き直りが必要になってくるからだ。これは、決して勝負に対して投げやりになれと言っているのではなく、大事な場面で腹を括れるだけの勝負根性を養えという意味だ。

決め球は、できれば縦の変化が欲しい。これは人伝に聞いた話なのだが、人間の目は横に並んでいるから、横の変化には対応できる。逆に縦の変化には対応しづらいのだという。

さらに、カウントを取れる球種がストレート以外にふたつは欲しいところだ。とくにスライダー系＋チェンジアップであればなおいい。スピードのある縦のスライダー系や逃げていくチェンジアップは、追い込んでからのフィニッシュとしても有効だ。

一方で、最近はカーブを「手軽にストライクを取りに行くための球種」と勘違いしている者が目立ってきた。カーブはスピードがないぶん、打者のタイミングをずらす球というイメージがないと非常に危険な球種である、ということを肝に銘じておかねばならない。

カットボールやツーシームなど、小さく動かすボールも主流になってきている。しかし、相手は金属バットなので小さな変化が上手く決まらなかった時の怖さもある。

なぜなら、カットボールはカットファストボール。ツーシームにしても投げ方はストレートと同じ。いわば「半速球」と言っていいストレートである。投手も小さな曲りの意味を理解しないと痛い目に遭う。だからカット系、ツーシーム系のファストボールはよほどの注意が必要だ。

逆に打つ側から見ると、カット系もスライダー系もツーシーム系も、選手たちには「真っすぐ系」と言ってある。だから「普通に真っすぐを打つように打てばいいんだ」と説いている。「真っすぐ系」の場合、打者・植田からすればあまり怖い球種ではない。木製であれば詰まらせてバットを折ることができても、金属であればそうはいかないからだ。

捕手

ワンバウンド捕球と内野手適性

まずは絶対にワンバウンドを逃さないこと。パスボールをする捕手はもってのほかだ。打つことは二の次でいい。

　とにかく、捕手の技術として最初に必要になってくるものが「ストップ」である。捕手の捕球ミスは「塁を与える、点に繋がる」。それが積み重なっていくと、自ずと敗北に近づいていく。そうした危険性は、極力取り除いておかねばならない。もちろん扇の要として座っている以上、しっかりとまわりを見渡せる視野の広さも必要だ。とくに「経験のポジション」と言われるだけあって、声掛けや目配り、気配りといった周辺視野は実戦経験を重ねながら付いてくるものでもあると思う。

　創成館では、捕手を他のポジションからコンバートして持ってくることが多い。むしろ、それで成功している例の方が多いかもしれない。神宮準優勝世代の平松大輝（環太平洋大）はもともと遊撃手だったし、現在の正捕手・浦辺駿太郎も三塁手から転向している。やはり内野経験者はフットワークがいい。足が動くので素早く正確な送球にも繋がる。捕球も上手いしワンバウンドに対しても素早く動ける。本当に上手な捕手は、内野ノックを受けても上手いものだ。

　一方で外野からコンバートという例はあまりない。なぜなら、外野手はあまり視野を広く持ってプレーしなくていいポジションだからだ。外野は打者からの距離が遠い。そのぶん目を切っている時間も多くなる。打球が転がってきても、到達時間が長いぶん身構えることができるし、考える余裕もある。内野手の場合は打球到達時間が早いうえに、たとえ打球が飛んでこなかったとしても一球一球に対していつでも細かい動きを入れている。こうした内野手の習性も、捕手と通ずるところが多いのである。

捕手と二遊間の選手は、フィールド内の指揮官的立場にあたる。この3ポジションを託した選手たちには「守っている時はお前たちがしっかりしないとダメだ」と厳しく伝えている。

一塁手
バッテリーの次に捕球機会が多いポジション

私の究極の理想は、二遊間を守れる選手を全ポジションに配置することである。実際に新チームのスタート時などで人員をシャッフルする際には、二遊間出身の選手を投手も含めた各ポジションに振り分けることが多い。過去の例を見ても、二遊間で入ってきたが肩や肘に不安があるから一塁へ回った、という選手が一塁手のレギュラーを摑んだというケースが目立つ。

なぜ二遊間出身者がいいのか。それはワンバウンドの捕球が非常に上手いからだ。バッテリーの次に捕球機会が多いのが一塁手である。だから、捕球技術の高い選手ほど一塁を守らなければならない。

「左のファーストがいい」という声もよく聞くが、私はもともと二遊間からの転向組を置きたいこともあり、右の方がいいと思っている。左は逆モーションになるので、ランダウンプレーでは投げにくいという難点もあるのだ。走者一・三塁で、左投手が一塁へ牽制を入れる間に三塁走者を還すという作戦がある。とくに高校生の左利きだと、こういうプレーへの対応が一塁手に限らず多少遅れてしまうものである。

プロ野球を見ていても上手な一塁手はたくさんいる。守備に不安があるから一塁にいる、という選手も少なくなってきたようだ。外国人選手も器用にこなしている印象がある。もともと守備に不安のあった内川聖一選手（福岡ソフトバンク）も、一塁に行って2019年は無失策。ゴールデングラブを受賞している。彼も高校時代には遊撃手として有名な存在だった。

二塁手
〝ながらプレー〟に対応できる器用さを

私が「最重要ポジション」のひとつと捉えているのが二塁手だ。当然、求めるもののレベルは高くなる。目配りや気配りができなければ、まず務まらないポジションで「走者を見ながら捕球しなければならない」、「捕球しながら全体のポジショニングを把握しなければならない」といった〝ながらプレー〟の種類は、他のポジションと比較しても群を抜いて多い。併殺プレーでベースに入りながらも、打者走者がどこにいるのかを把握しておかないといけないし「こちらに投げても無理だ」と思えば即座に次のプレーに移らなければならない。

また、サインプレーでも中心的役割を担っており、走者一・三塁から一塁走者が盗塁を仕掛けてくるケースでは、ダブルスチールに備えて捕手の二塁送球をカットする、しないの判断を動きの中で即座に下さなければならない。また、そうした動きの中でも、まわりのポジションの選手ときめ細かく連携しておく必要がある。

それは右中間のカットプレーにもいえる。中継のボールを捕った時点でどこに投げるかがわかっていないといけない。「捕る、見る、投げる」ではなく、後頭部に目が付いているかのように「捕った瞬間に投げる方向が決まっている」というほどの感覚が問われるのだ。同様のことは、遊撃手にもいえる。

私は守備の要を遊撃手に、肩の強い子を二塁手に置くことが多い。右中間への当たりが二塁打になるか三塁打になるかで、局面は大きく変わってくるからだ。もともと左中間は三塁打になりにくいが、二塁手の肩が弱ければ右中間を破る打球は即三塁打となってしまう。守っている側からすると、得点になりやすい一死三塁の状況を相手に作らせてはいけない。そういう意味でも、三進は防がなければならない。だからこそ、強肩二塁手の存在は打者走者の三進に対する抑止力にもなるのだ。

また、甲子園のように大歓声に包まれた状況では、フィールドを守る選手とベンチのコミュニケーションの取り方が重要になってくる。試合中は常にベンチを見るように指示しているが、とくに捕手と二遊間は一球ごとに必ずベンチの私を見るよう徹底させている。外野手もこちらを見ていると思うが、外野へ飛ばすベンチからの指示は、必ず二遊間を経由して行っている。時には声が通らずにジェスチャーのみで指示を出さざるを得ない時もあるが、そういう部分でも目配り、気配りだけでなく、ベンチの意思を汲み取れる判断力が、二遊間の選手には求められるのである。

三塁手
反応できなければ守備にならない

私が野球を始めた頃、そして社会人野球でプレーしていた当時と比べると、三塁手のイメージもずいぶんと変わってきた。昔のように「止めて投げればＯＫ」という時代ではない。とくに高校野球はセイフティバントが多いので、すばしっこい選手を置くのが理想的だ。

前方へのチャージ力だけでなく三遊間の打球に対する柔らかさ、ライン際の強さも必要だ。練習から強いノックを打っているが、ライン際の打球に対して反応できない者もいる。飛びつかないし、諦めが早い。反応もできない。それは能力以前に、長年にわたって沁みついてしまった習性なのである。もちろん、そういう選手を起用しづらいのは言うまでもない。

三塁手は他のポジションよりも打者に近いため、強い打球が飛んでくることが多い。したがって、まず反応しないことには守備にならない。打球が飛んできたら自然と飛びつくような、反応に優れた選手でないと務まらないのがホットコーナーというものなのだ。

ただ、これは内野手全体に言えることでもある。プレイボールがかかった後のファーストストライクは打者が強く振ってくるので、とくに打席に近い投手、一塁手、三塁手は即座に反応できるよう、緊張感を持って心と体を準備しておく必要がある。

遊撃手

守備の要、チームの顔

二塁手と一緒で、守りでチームをリードしてもらわないといけないポジションだ。ほとんどの方は試合前ノックから遊撃手の動きを注意して見ているはずなので、遊撃手が良い選手であれば「このチームは守備が良いな」という第一印象を相手チームにも与えることができる。逆にその遊撃手の守備力が弱ければ「このチームは大したことないな」という印象を与えてしまうのである。つまり、必然的に一番上手な選手を置くことが多くなる。まさにチームの守備の顔といっていいだろう。

もし同じくらいの守備力の内野手がふたりいて、両者を二遊間で振り分けることになった場合は、肩が強く、気の利く方を二塁手に置き、チームを守りで引っ張ってくれて、元気で華のある選手を遊撃手に置く。

ただ、遊撃手の誰もが万能性を備えているかというと甚だ疑問だ。逆方向への動きやバックアップの複雑さなど、二塁手の方があらゆる動きを求められるので器用さと強さが必要なのである。実際に二塁手をやっている子はどのポジションでもこなせるが、遊撃手ばかりやってきた子に二塁を守らせると、遊撃手とは逆の動きも多いので慣れるまでに結構な時間を要してしまうことが多い。

現役の遊撃手では、源田壮亮選手（埼玉西武）が一番だと思う。私の高校の後輩にあたる今宮健太選手（福岡ソフトバンク）も動きは素晴らしいが、源田選手の場合はグラブさばき、フットワークといった基礎能力が素晴らしい。とりわけバウンドへのアプローチは名人芸レベルで、どんなバウンドであっても必ず自分が捕球しやすい一定のポイントに入っている。

野手に求められるのは、投手が打ち取った当たりを確実にアウトにすることだ。そういう意味では、私も地味で職人肌の二遊間を好む傾向にある。以前であれば宮本慎也選手（元ヤクルト）や、巨人・中日でプレーした川相昌弘選手や井端弘和選手、現役であれば藤田一也選手（東北楽天）の守備も堅実で手本としたい。

もちろん今宮選手のように肩がめっぽう強く、バネで動ける野性味あふれた遊撃手がいれば一番いいのだろうが、あのレベルの選手にはそうそうお目にかかれるものではない。

外野手
内野手並みの一歩目の反応を

外野はすべてひとくくりで考えている。外野の選手は基本的に打力優先で起用することが多いのだが、近年は地方も球場が広くなったことで、肩や足を備えていなければ苦しくなってきた。

外野手の鉄則は肩の強さだ。その中でもとくに強肩の選手は右翼に置きたい。二塁走者の単打一本での本塁生還や、二塁打を三塁打にさせない「進塁の抑止力」になるからだ。右翼手は一塁手のバックアップなど細かい動きも必要になってくるが、基本的に左翼と右翼の仕事量は大差がない。もちろん右翼に肩が強い選手を置いているからといって、中堅手の肩が弱くていいというわけでもない。

以前であれば、外野手の中でもっとも守備力に劣るスピード感のない選手を左翼に置くことが当たり前だったが、最近は球場も広くなっているので足のない選手では守れなくなってきた。さらに投手の球筋を正面から見ることができる中堅手よりも、打球判断が難しいのが左翼手と右翼手だ。そのため、瞬間的な反応も求められるのである。したがって、打撃の良い選手を左翼に置いても、試合終盤に守備固めを送るということも珍しくない。

中堅手には、左右へのバックアップや声掛けが細かくできる選手を置きたい。もちろん、両翼の2ポジションよりも足があるに越したことはない。また、中堅手は正面の打球が見えにくい反面、左中間や右中間の打球は両翼の選手よりも見えやすい。そういう理由もあって、外野の中ではもっとも簡単なポジションなのではないかとさえ思っている。

また、インパクトの瞬間の反応も重視したい。創成館の外野ノックは、基本的に前目のポジショニングを取らせている。遠くに置いてしまうと、インパクトの瞬間に反応しなくなるからだ。外野手は打った瞬間に反応できず、手元に来たところで慌てて反応するといったように、不格好なプレーをする者が多い。だから私は冗談で「お前たち外野手は携帯電話でいうと〝圏外〟と一緒だな」と茶化すのである。打球への入り方の上手さ、そして打球に追いつく球際の感覚が優れているかどうかは、ノックを見ていればだいたい把握できるものだ。

試合中でも、センターフライが上がったのに無反応の中堅手がいる。それでアウトが取れさえすれば、まわりはスタートの遅さもなかったことにしてしまうのだ。中には反応の遅さに気づかない人もいるだろうが、ベンチとしてはこれを見逃すわけにはいかない。それは「目に見えないエラー」であって、ゆくゆくは失点に繋がる根源となりかねないからだ。一歩目が重要なのは、内野も外野も一緒なのだ。むしろワンミスが失点に直結するだけに、外野手にも内野手並みの反応を求めたい。

創成館オリジナルの「バックアップ」

創成館ではカバーリングという言葉をいっさい用いていない。正式名称の「バックアップ」で統一している。たとえば一塁手がゴロを捕球した時、空いている一塁ベースに投手が入る。あくまでこうしたベースへのカバーがカバーリングであって、捕球者の後ろに回ってミスに備えるのはバックアップという。

球場練習では、バックアップを中心とした守備練習ばかりをこなしている。じつは創成館オリジナルのフォーメーションもある。

走者二塁。そこで打者はセカンドゴロを打った。この状況では、二塁手の悪送球に備えた一塁手のバックアップには誰も付かないのが一般的である。セカンドゴロでは二塁走者が三進するため、捕手もホームベースをケアしなければならないからだ。バックアップのために一塁後方に駆け出す投手もいるが、とても間に合わないし、全力ダッシュをかければ打者走者と衝突する危険性もある。

しかし、創成館では走者がいない時と同様に、捕手が一塁手のバックアップに入る。空いたホームベースには三塁手が入る。これを徹底しているのだ。そもそも一・二塁間の打球で二塁走者の三進は防ぎようがないからだ。

大事なのは三進した走者をホームインさせないことである。一・二塁間のボールを一塁手と二塁手が捕りに行き、一塁手が出すぎてしまった時や一塁手が捕球した時には投手がカバーに入る。二塁手が捕球すれば一塁手がベースに戻って送球を受ける。ここで悪送球してしまうケースも、じつは少なくない。この時、ボールが一塁側ベンチからネクストバッターズサークルあたりを転々とし、その間に点が入るという光景はよく目にすると思う。しかし、捕手を一塁手のバックアップに入れることで、失点を防ぐことができるのである。

また、走者二塁で左飛や中飛が上がれば、走者のタッチアップに備えなければならない。この場合、三塁ベースのバックアップには投手が入るパターンが多いと思うが、創成館では捕手が入り、投手は本塁をケアさせる。

投手を信用できないわけではないが、バックアッププレーを真剣にやらない投手も少なくはない。投手は「捕る、タッチする」ことに執着するポジションではないからだ。だから、本来のバックアップにならないことも多く、結果的に失点に繋がってしまうのである。

その点、捕手は本能的に「止める」という習性が根付いているので安心感が違う。投手は暴投のあとの本塁ベースカバーでも、ホームインを狙う走者へのタッチが弱い。投手は怪我の心配がつきまとうので仕方がないことではあるが、できることなら投手はなるべくそういうプレーの場に入れたくないというのが私の本心だ。

カットプレーのバックアップについても触れておこう。創成館では中継に入るカットマンを「リレーマン」と呼ぶが、外野手とリレーマンとの距離感の判断は彼ら自身に任せている。外野手の肩も調子が良い日と悪い日がある。日によってコンディションが違うので、こちらから出す指示といえば「外野手が『今日は付いていてくれ』と言われれば付け。『今日は離れてもいいよ』と言うなら離れろ」ということぐらいだ。

カットプレーとは、そういうコミュニケーションを重ねた中で行うプレーだと思っている。仮にリレーマンが奥まで付いていっても、外野手が捕球する瞬間の体勢が悪ければ、さらにもう一歩近づくというように、状況に応じて様々な配慮が必要だ。逆に、二遊間の選手はそういう判断力が求められることになる。

また、創成館の考え方では二枚目のリレーマンは存在しない。一般にいう〝二枚目〟こそがカットプレーにおけるバックアップマンであり、リレーマンとは見なしていないのだ。左中間なら遊撃手が追いかけていき、二塁手がバックアップに入る。仮に最初のリレーが乱れて、送球の勢いが死んでしまった時には走者がさらに先の塁を陥れてしまう。これを避けるためのバックアップであり、送球がオーバーしてしまった時のケアを担当するのもバックアップマンの仕事である。

そもそも、左中間からワンバウンドやツーバウンドでしか返せない外野手やリレーマンでは困る。「俺は二枚目を使わないとリレーできないような選手は、試合で使わないから」と選手たちにも伝えている。

中学校や小学校の野球は、遠投力もないので枚数を重ねてリレーしなければならない。しかし、２００ｍを繋げと言われるのであれば枚数も必要だが、高校の硬式野球ぐらいになればそこまで枚数を挟んだ中継は必要ないのだ。

二枚目はリレーマンではなくあくまでバックアップだという考えは、外野が広い甲子園や長崎のビッグＮスタジアムであっても変わらない。だから外野手にも肩が必要だし、普段から遠くに投げさせるように意識づけしないといけない。もちろんカットプレーには一塁手も参加する。時には走者の進塁状況を見てカットするなど瞬時の判断が求められるという点は、今さら強調しておく必要もないだろう。

機動破壊を封じた秘策と、「守り勝った試合」「守り負けた試合」

過去に対戦した全国上位のチームは、間違いなく守備力も高かった。明治神宮大会で対戦した大阪桐蔭も「打撃、打撃」と言われながらやはり守備力は高水準だったし、決勝で戦った明徳義塾も無失策で優勝と、さすがに素晴らしい鉄壁さだった。

２０１９年の神宮大会を視察して守備力の高さを感じたのは、健大高崎と仙台育英。まだ目の当たりにしたことはないが、大阪の履正社も守備は良いと聞く。

ただ、スタンドの上から見ると、どのチームも上手く見えるものだ。しかし、実際にグラウンドレベルで見ると「おや、そうでもなかったな」ということは多分にある。スタンドでは遠巻きに見ているぶん、動きが実際よりもスピーディーに見えるからだろう。だが、グラウンドレベルで見ても、神宮で試合をした明徳義塾の守備力は高かった。最近になって「俺は明徳のようなチームを作ろうとしているのかな」と思うことがある。どうやって1点を取るか、1点を守るか、1点をやらないか。見ている方の中には「つまらない」という意見もあると思うが、ベンチで采配している者からすると、こういう攻防は本当にシビれるし楽しいものだ。「守り勝つ」ということは、無失策だから勝てたとか、ファインプレーがあったから勝てたとか、そんな単純なことではない。

そういう意味でも、忘れられない試合がある。2015年夏の健大高崎戦である。3－8で試合には敗れたものの「守りの創成館」を全国上位のチームを相手に見せつけることができた、象徴的な試合となったからだ。

相手の隙を突いて縦横無尽に駆け回る走塁技術の高さで名高い健大高崎は、この大会の1回戦でも7盗塁を記録するなど「機動破壊」の健在ぶりを満天下にアピールしていた。しかし、私は「普通に野球をすれば、あんなに走られるわけがない」と思っていた。実際に、創成館との試合では健大高崎の盗塁はゼロだった。

試合後には「どうやって盗塁させなかったのですか?」と、たびたび質問を受けた。答えは単純明快である。「牽制を入れなかった」のだ。

あの代の創成館は、二枚とも左投手だった。とくに向かい合った一塁走者からは見えやすく、牽制を入れれば入れるほど、癖は盗まれてしまう。つまり、相手の術中にハマってしまうのだ。牽制するぞ、するぞと見せかけておいて牽制をしない。しかも、たった一度入れた牽制機で走者を誘い出し「1－6」のアウトを取っている。試合を通じてスタートを切られたのも、おそらくこの時だけだと記憶している。どんなに足自慢の猛者であっても、徹底した対策を施してきたチームを相手には、簡単にはスタートを切れないものなのだ。

他にも甲子園で守り勝ったゲームといえば、2018年センバツで下関国際に3－1で勝った試合も挙げられる。

相手投手も良かったので、初回に点を取れないと勝てないと踏んでいた私は、初回に点が入りやすいような打線に組み替えて臨んでいた。そして狙い通りに初回に2点を取って試合の主導権を手にしたわけだが、その後は見事なバックホームで得点を許さなかったり、9回一死満塁のピンチを5－2－3の併殺で切り抜けたりするなど、守りに関してはすべてにおいて会心のゲームとなった。

逆に守備力の差で負けた試合といえば、明豊と戦った2019年秋の九州大会準決勝だ。失策するとかしないとかという話ではない。純粋な守備力の問題である。実際に創成館はこの九州大会で無失策だった。しかし、この試合に関してはウチの守備より相手の守備が上回ったという思いがある。無失策なのに「守り負けした」という感覚を抱くことはめったにあることではないが、この試合がまさにそれだった。

同点で迎えた8回。勝ち越しのチャンスを手にした創成館は、走者二塁からエンドランをかけた。その打球が左前に飛んでいった。スタートを切っていた二塁走者は当然本塁に突入する。しかし、左翼手からの完璧なバックホームでタッチアウト。得点にはならなかった。

片や、決勝点を奪われたシーンは、同じ左前ヒットで二塁走者の生還を許しているのだ。あれがストライク返球であれば、試合の結果もどっちに転んだかわからない。まったく同じシチュエーションで成功した者、失敗した者とで明暗を分け、勝者と敗者の差が「これでもか」というほどはっきり表れたプレーだった。私の母校でもある明豊の守備も、以前は雑なイメージが強かったが、最近は本当に球際にも強くなったし、全国上位のレベルに達しつつあると見ている。

守備は努力次第で10割に接近できる

やはり金属バットの存在は、守る側にも作戦面や心理面で大きく影響している。バットだけではなく、ボールも個人の技術も、すべてが進化している。距離が出て、打球も速い。内外野のポジショニングも入念に考えないといけない。しかし、金属バットだからと後ろ目にポジショニングを取れば、ここぞとばかりに小技を仕掛けてくるチームもある。ひとりひとりが的確なポジショニングを取るためにも、各自の洞察力は以前にも増して問われていると言わざるを得ない。

とにかく打球の強さ、速さは私が高校の指導を始めた頃と比べても明らかに違ってきた。甲子園に出てくる強豪チームは、やはり体つきも違う。ああいう大人のような体をした者が金属バットを手にしているわけだから、芯を食わなくても軽々とスタンドインするのだ。

だからといって、大胆なポジショニングを取ったりはしない。メジャーリーグのように何十試合もデータがあればわかるが、高校野球のように1、2試合しか対戦データがない中ではリスクの方が高くて大胆なシフトは取れない。外野手でも2、3mぐらい移動する程度だ。

ただ、現在のチームは小まめに動かしている。創成館の左投手は左打者の外角高めへの制球力が良いので、外野手をすべて左側に寄せた。九州4強まで進んだ2019年秋は、これが結構ハマったと実感している。二塁手が深く守ることも、左対左ではほぼない。しかし、右対左の場合は内側に入ってくる変化球が多くなってくるので、その場合には相手打者を見ながら深めに守らせることはあるが、それでも極端なシフトを採っているつもりはない。

右翼手を極端にラインに寄せて守らせることもない。ファウルはファウルでいいという考えである。ファウルゾーンに落ちるのと、右中間に落ちるのとでは、直接的な被害を被るのは後者の方だ。であれば、ヒットゾーンを潰した方が理に適っている。左打者の時に左翼手が前進守備を採り、しかもライン上を守っている。そういう選手が実際にファウルフライを捕って大騒ぎしている光景を見かけるが、私としては「なんやそれ」という思いでしかない。

このスポーツは確率論で成り立っているのだ。1試合にそこへ何球フライが飛ぶのか。だから「0か100か」というシフトではなく「定位置であっても100の守備を目指すべき」というのが私の考え方である。

打撃は、たとえ2割の打者であってもここ一番では誰しもが5割なんだと、いつも選手には言っている。つまり「打つか、打たないか」のふたつにひとつ。だから5割なのだ。しかし「確率のスポーツ」と言われる野球において、守備は努力によって限りなく10割に近づくことができる唯一の項目である。守備はイチかバチかの5割では話にならない。だから、10割を目指す努力を怠ってはいけないのだ。

第五章

「守り勝つ」ための練習法

実戦的練習の積み重ねが「鉄壁」を作る

練習すべきは「アウトを取るための守備」

守備には「基本」があるという。しかし、身長や足の速さ、肩の強弱によって、ポジショニングや腰の高さは変わってくるはずだ。だから私は、守備の基本は人それぞれに違うものだと思っているし、無理に〝これ〟といった型にはめようとはしない。

しかし、基本がないとはいえ、基礎はある。守備の基礎とはフットワーク、捕球、送球だが、そのすべてがキャッチボールには盛り込まれているのだ。また、足の運びから捕球、送球へと至る動きはすべて連動している。つまり、足を運べない選手は下半身の力を利用できていないぶん、上半身に負担をかけて肩や肘を故障しやすくなる。

そういう理由もあって、私は口を酸っぱくして選手たちに言うのだ。

「キャッチボールは準備運動ではない。守備練習なんだ」

と。中には肩を作るだけのメニューと思っている者もいる。投手ならともかく、野手の場合はそうではない。野手の送球は、常に動きながら行うからである。したがって、創成館では常に何かしらの動きを入れながらのキャッチボールを行っている。その詳細は後述したい。

この時、選手には「ガッチリと捕球しろ」とも言わない。守備の前提は「アウトにすること」であり、ガッチリと力強く捕球することではない。捕球後もプレーは続行しているのだ。捕球の際には、いかにスムーズな送球に繋げられるかが大事になってくるので「どうやれば上手に球を出せるか、どうやって投げればストライク送球が行くか」を考えながら打球にアプローチしなければならない。

ボテボテのゴロが飛んできた。チャージを掛けて勝負に出る。ファンブルすれば「雑だ」と言われるが、肝心なのはその選手がアウトを取りに行っているのか、捕球に行っているのかということだ。アウトを取りに行ってファンブルしたのなら、それは仕方がないと納得がいく。「綺麗に、無難に」と意識するあまり、打者走者を塁上に残してしまっては元も子もない。

繰り返すが、私は基本（形）以上に実戦を重視した守備を追い求めている。つまり

「アウトを取るための守備」を作っていくための練習を、創成館では日々行っている
のである。それでは、創成館で取り入れているキャッチボールメニューを今から紹介
していこう。

創成館のキャッチボールメニュー

負け試合で挙げられる敗因のほとんどは、四球と失策である。
とりわけ失策の7割は送球ミスだと言っていい。いずれも「投げること」に関係し
たものだ。つまり、突き詰めていけば、キャッチボールのミスによって試合を落とし
ているといっても過言ではない。
「キャッチボールは相手の胸を目掛けて投げろ」と、私は昔から教わってきた。おそ
らく、多くの人が同じであるはずだ。しかし、私は「胸ではなく顔に投げろ」と伝え
ている。顔の高さに投げてあげた方が、捕った側が次のプレー（握り替え〜送球）に

スムーズに移行できるからだ。逆に捕る側は、もし胸の高さに来たら意識的に目線（顔）を捕球地点まで下げ、なるべく顔の前で捕るように心掛けなければならない。

捕球する側は、相手がボールをリリースした瞬間こそが「最大集中する時」だ。試合でもミスを犯しやすい選手は、この瞬間に集中できていないことが多いのだ。

もちろんグラブから先に捕りに行ってしまうと踏み込むべき足が止まってしまうので、しっかりと右足を踏み込みながら、または両足を順番にリズムよく浮かせながら捕球に行くことが望まれる。

形よりも「アウトを取るための実戦的守備」を重視している以上、創成館で行っているキャッチボールも実戦をイメージしたメニューが多い。特徴的なキャッチボールを挙げるとするならば、次のようなものになる。

◎ランダウンプレー

キャッチボールメニューの初めに行うのがランダウンプレーだ。3対3に分かれて、試合さながらにトップスピードで走りながら、捕球側の声を合図に投げる。球を受ける側の選手は捕球時にしっかりと前方に向かって踏み込み、送球を終えた選手は全体で8の字を描くようなフォーメーションの中で逆方向へと入れ替わり、バックアップに回る。

こうしたランダウンプレーの基本をおさらいしながら、選手間の連携を図ってダッシュを繰り返すことで、実戦的なウォーミングアップにもなるのだ。

◎スナップスロー

私の理想は、二遊間を守ることができる選手を各ポジションに配置することだ。したがって、選手たちには二遊間が身に付けるべき動きやキャッチボールを覚えてもらいたいと思っているので、野手にはすべて同じキャッチボールメニューを課している。

1試合の中で、二遊間の選手が真上からオーバースローで投げる状況が、果たしていくつあるだろうか。両ポジションとも動きながら投げることが多いため、スリークォーターやサイドから投げるケースが多い。また、そういう送球を繰り出す場面といえば「イチかバチかの勝負所」であることがほとんどだ。もちろん他のポジションも例外ではないが、二遊間はとくに肘をしっかりしならせて送球するスナップスローが求められるポジションなのである。

通常のキャッチボールに入る前に、ふたり一組で行うノーステップスローでは、5～10mほどの間隔を取り、軸足に乗せた体重を反対側に移しながら、肘から先のスナップを利かせて投げる。右投げの選手だったら右の股関節から左の股関節へ体重を移し、肘をしならせて投げるのが基本である。

目標はもちろん相手の顔である。投げる方は相手の目線を上下させないように、送球が高く浮いたり、低くなったりしないようなポイントに投げるよう注意する。二塁併殺における遊撃手の送球をイメージしてほしい。二塁手との距離が近ければ近いほど、上から投げることはない。受ける側が捕球しやすいように、スナップスローで相手の目線に投げようとするはずである。また、投手がゴロを捕って本塁に転送する際にも、必要なのはスナップスローだ。あの至近距離で上から投げられては、捕る側もたまったものではない。

相手の目線に投げようと思ったら、上からではなく横や下から腕を振る方がコントロールしやすいし、受ける側も捕球しやすい。それだけ野球におけるスナップスローは重要なのだから、決してその練習を怠ってはならないのだ。

◎ケンカボール

キャッチボールの最後に行う捕球〜送球をスピーディーに連続して行うステップスローで、塁間ほどの距離でまずは1対1からスタート。その後は3対3で行う。動きの中でのキャッチボールということでより実戦に近いメニューであり、悪送球を減らすための効果も大きい。

3対3で行う場合、捕って投げた者は列の後ろに下がり、捕球者の後ろの者は悪送球に対するバックアップに回る癖をここで徹底的に植え付けていく。決してランダウンプレーの練習と勘違いしてはいけない。あくまで実戦的なクイックスローの練習であり、バックアップの練習なのである。

◎扇型＋円形ケンカボール

中央のひとりと、これを扇型に囲んだ3人、もしくは5人で行う1分間のケンカボールである。中央の選手はどこに投げても構わない。さらに6、7人が円形になって中央の選手を囲んで行うパターンもある。中央の選手は扇形の時と同様に、どこに投げても構わないし、偽投やフェイントを入れてもいい。いずれのパターンも、試合中に起こりうる咄嗟の切り返しなどの実戦感覚を養う効果的な練習方法だ。

中央の選手にとっては、まわりを広く見渡しながら送球を繰り返さなければならない。野球は「〜しながら」というプレーが多いために、まわりを見ながら瞬時に判断して行動に移す力をこの練習で養いたい。外で受ける側にとっても、いつ球が来るかわからないため、それに備える緊張感を味わいながら、瞬時に球が投げられてきた際の対応力が磨かれるのである。

◎カットプレー

3人1組となり、ローテーションで入れ替えながら行う。真ん中のリレーマンは、両方向から来る送球に対して半身で受け、反転スローを身に付けていく。また、送球する者に送球ターゲットを明確に示し、次のプレーが遅れないように足を止めてはいけない。右足、左足を軽くステップして上体を浮かせた状態を作り、流れの中で送球できる各人のリズムを覚えておきたい。

また、送球する側はリレーマンがどの位置で捕球できれば、次の送球に移りやすいのかを動きの中で確認しなければならない。

「自主練習」→×、「課題練習」→○

創成館の平日練習時間は3～4時間ほどで、守備の日と打撃の日で分類している。

ただ、1週間や1か月という単位で見たら、やはり守備の比率が高い。数値化してはいないが、感覚的には6～7割は守備に割いているのではないか。それでも、フィールド内でやる練習はチームプレーのみで、全体練習で行う守備練習はキャッチボール以外にシートノックでフォーメーションを確認する程度だ。その他は「課題練習」という名の自主練習でカバーすることになる。

課題練習＝守備という方針を設定しているわけではないが、創成館の場合は守備に取り組む選手がほとんどだ。「自主練習」と言ってしまうと「自由練習」と勘違いする選手が多く、そうなれば大概の選手はティーなど打撃中心の練習ばかりに走ってしまう。たとえば長打力はあるけど、守備に難がある。その日の練習試合でバントを失敗した。そういった選手が課題練習で取り組むべきは、決してティーバッティングではない。「課題練習」と言うことで、選手自身が何をしなければならないのかを自覚できるのである。

守備の課題練習にも、ローテーションで回すサーキットメニューがある。繰り返しになるが、守備の3大要素は「フットワーク」、「捕球」、「送球」だ。それをトータルで練習するのがノックだが、それぞれを細分化して練習するのが課題練習用の守備サーキットだ。しかも、そのすべてはふたり1組で実践できるのである。ここからはその中身を紹介していこう。

◎イレギュラーマットの効能

長崎県のメイン球場となる県営野球場（ビッグNスタジアム）は、全面人工芝なので打球は速いがその他のグラウンドに比べてイレギュラーが少なく、守っている方は楽だ。しかし、人工芝といってもバウンドが変化することはある。とくに土の入っているベースまわりとか、アンツーカーの部分は気を付けないといけない。

甲子園は土の内野部分も芝の外野部分も柔らかく、イレギュラーが少ない素晴らしいグラウンドだが、2、3試合目と進んでいくうちに、どうしてもグラウンドは走路を中心に荒れてくるので、打球が不測の動きをすることも多くなる。

選手たちには「イレギュラーするのが当たり前だと思って捕球しなさい」と言って

いる。まともに来ると思って構えているから、イレギュラーに反応できないのである。だから創成館では、日頃からイレギュラーバウンドを捕球する練習を取り入れている。練習に用いるのは、何本もの鎖を20センチ間隔に敷き詰めた5m×5mぐらいのマットと、小さな鉄パイプを連ねた棒状の障害物である。いずれも創成館オリジナルの練習アイテムだ。これらを捕球する者の前に置いてノックを打ち、打球を人為的にイレギュラーさせるのである。

この練習の効能は思いのほか大きい。マットの上を打球が転がれば、イレギュラーするかもしれないし、しないかもしれない。そうするとイレギュラーに備えて自ずとグラブが下がり「下から上へ」というグラブの基本的な使い方が身に付くばかりか、捕球の瞬間まで目を切らなくなる。打球から目を切らなくなれば、イレギュラーにも反応できるようになる。

ノッカーはサイドノックかそれ以下の強度で打つので危険度も低い。トンボを置いて行うのもひとつの手だろう。

◎ネットスロー

ふたり1組になって①カットプレーのリレー送球、②外野手の本塁送球をネットスローで行う。①はキャッチボールでも行っている捕球から送球の形をさらに入念に作り込んでいく練習法で、半身を作って後ろから出されるボールを待ち、ステップを踏みながら切り返してネット送球を繰り返すのである。②は前方（ネット脇）から小フライを上げてもらい、捕球体勢を作って送球へと繋げる動きを体に沁み込ませていく。

それぞれ、選手とネットの距離は5ｍほどだろうか。ネットにタオルやリボンといった目印を付けて行えば、制球力を磨く効果も増すだろう。しかし、長い距離を投げると肩や肘を痛めてしまう怖さもあるので、投げることに重きを置かなくていい。ネットスローの最大の狙いは、足を使って送球に繋げる感覚を養うことにある。つまり「スロー」と言いつつも、ネットスローとは投げることをメインとした練習ではないのだ。相手を気にすることなく自分自身のこと（送球）に集中できるので、ここで足の組み換えや運びをチェックしておきたい。

もちろん「指先の感覚を摑みたい」といって、ネットを相手に送球練習をすること自体は、選手個人が目的を持って取り組んでいることであれば何の問題もない。

◎ハーフバウンド

3mほど手前からハーフバウンドを投げてもらう。これは私が社会人時代に考案した練習方法である。バウンドした打球が上がってくる途中の、中途半端な状態にあるハーフバウンドのさばきは、ショートバウンドを処理すること以上に難しい。高校生はハーフバウンドの捕球を諦める者も多いが、球をしっかり見ていれば決して難しいバウンドではない。そういうことを意識させるための練習である。

ポイントはグラブを地面に着けて、バウンドしている瞬間をしっかり見ること。グラブで捕ろうとするのではなく、肘関節の可動を利用してバウンドした球を懐に抱え込むように持ってくるイメージを持つことが大事だ。また、何本も捕っていれば、どの角度で転がってくれれば、どういうふうにバウンドするのかということが感覚的にわかってくる。

また、引いて捕る際には頭の位置、目の高さをキープしながらバックステップを踏まなければいけない。頭が上がるということは、目線がぶれるばかりか体全体が起き上がってしまうので、トンネルしてしまう恐れが出てくる。

◎ゴロ捕りと捕球姿勢

ゴロ捕りも両者の間隔を５ｍほど空けて行う。私がもっとも注意しているのが「グラブの出し方」である。グラブを地面に着けて「下から上に」ということだけは徹底しているつもりだ。

私は一般的に言われるように「ボールの下を見なさい」とは言わず、より極端に「ボールの下にくぐれ」と言っている。それぐらい、ボールを下から見ることが重要なのである。そういう意識を持っているだけで、自ずとグラブの位置は下がってくるので、ボールを下から見ることは徹底したい。

しかし、打者のインパクトの瞬間にグラブが地面に着いていては、足が思うように出ず、トップスピードにも乗りづらい。また「グラブの面をボールに見せろ」と言いすぎてしまうと、肘に力が入って伸び切ってしまうから〝あそび〟がなくなってしまう。だから、グラブの面が両足の内側を向いているぐらいがベストではないか。その場合がもっとも脱力した状態で、なおかつグラブの面をボールに向けている時よりも肘の屈曲範囲も広がっているので、ハンドリングにも柔軟さが増すはずだ。クワガタの2本のツノで挟み込む姿を想像してくれれば、私が言いたいことも伝わると思う。

そもそも赤ん坊が前から転がってきたゴムボールを捕ろうとした時、内側を向いた両手で包み込むようにボールを摑もうとするはずである。それが「捕る」という人間の運動において、もっとも自然な体の使い方なのだと思う。その動きに、生卵を割らないように包み込む柔らかさが加わった時、私が理想とする捕球は完成を見るのだ。

もちろん逆シングルメニューもある。「逆シングル」で大事なのは、体の幅の中で捕球することだ。たとえば、三遊間の深い当たりを遊撃手が逆シングルで捕った。逆シングルといっても、捕球した打球に対して体が正対し、かつそれが自分の体の範囲内にあるのなら、横を向いているようでもそれは「体の正面」と考えていい。

サイドステップをしながら左右に転がしてもらったゴロを捕り続ける「ゴロペッパー」は、最近になってサーキットに組み込んだメニューだ。これはスピードを付けて行うので、フットワークを磨く練習になる。

◎外野フライは「前方から後ろへ」

外野手は打者との距離が遠く、打球が自らの守備範囲に飛んでくるのに時間がかかるため、内野手ほどインパクトの瞬間に集中できていないことが多い。もちろん集中できていなければ反応もできず、ひとりの打球反応が悪ければ、外野全体の守備に悪影響をもたらしてしまう恐れもある。

そのために、インパクトの瞬間を目で捉えさせ、インパクトと同時にスタートを切らせる。それが自然と実践できるように練習しておく必要がある。対策としては、外野手を前目に置いてフライ練習をするやり方がある。深めにポジショニングを取った内野手の後方ぐらいに外野手を置いてフライを上げると、打者との距離が近いぶんインパクトの瞬間を見逃さなくなるのである。外野手を前目に置いて、後方への打球を打つ。そういう習慣づけから練習に入っていくといいだろう。

ハイスピードノックの盲点

創成館は練習からシートノックの本数が少ない。人数が多いということもあるが、より一球に集中させたいという意図がある。シートノックのローテーションも一塁、ゲッツーを3本ずつ、外野も二塁、三塁、本塁2本のみ。だから、練習から一球一球の質を高めていかないといけない。

練習では完璧を求めている。とくにエラーの7割は送球ミスであるから、捕って投げるまでの動きに対する指導は、日頃から厳しく徹底しているつもりだ。足りないと感じるのであれば、課題練習の中で数を捕ればいい。

ただ、本数が少ないとはいえ時間は要する。高校野球の世界には、凄まじいスピードでやたらとノックを打っている方も見受けられるが、あれで果たして送球までを見届けているのだろうかと思うことがある。

たとえば遊撃手が捕球して送球する間に、すでにノッカーは遊撃手に背中を向けて二塁手にノックを打っている。これでは受ける選手たちも、結果オーライの守備を淡々とこなすだけになってしまう。プレーを完結させるまでの「過程」というものがあるのだ。捕って投げるという動作の中にも、捕り方が悪い、投げ方が悪いということはたくさんある。ただ次から次にハイテンポで打っているノックでは、そうした重要なことを見落としてしまう恐れがあるのだ。

ボールが手に付かなかったとしても、素晴らしい打球への入り方をしている場合がある。そういう褒めるべきポイントも、指導者は見逃してはならない。逆に、選手も自分のプレーには責任を持って臨まなければいけない。5－4－3のゲッツーにしても、自分のボールが繋がっていくのだから、三塁手はプレーが完結するまでを見届ける責任がある。外野手もバックホームで内野手に繋いだ場合は、捕手がタッチを終えるまで見届ける責任を負わねばならない。

指導者がノックのスピードと本数で自己満足に陥っている間は、自分のプレーに対する責任をまっとうできない選手が育ってしまうということだ。私が高校野球に転身した12年前にはそのあたりの意識改革から着手したが、当時は自分の送球に責任を持たず、ボールが今どこにあるのかを見ていない選手も多かった。そういう部分はチームや個人だけの問題ではない。高校野球を含めた野球界全体で考えていかなければいけない問題なのかもしれない。

連続27アウトノックの効果

ボール回しで「ノーミス連続●周」というメニューを行っているチームも多いようだが、創成館ではこうしたプレッシャー練習をノックで行っている。これは、社会人のトップチームでも50周をクリアするのに2～3時間を要する、難度の高い練習だ。

しかし、私が創成館に来た時は捕手の送球も含めて「ノーミス25周」と設定したが、10周にも到達できなかった。当時はグラウンドの使用時間も限られていたから、最後は指導者側が「じゃあ、7周で終わり」と妥協するしかなかった。それでも7周を達成するのに3時間以上を要するのである。しかも、何回も繰り返しているうちに、最終的には捕手が肩を壊してしまうという最悪の結果を招いてしまった。

現在のメンバーで同じことをやっても、おそらく25周は難しいだろう。「各ポジション2名ずつ、一塁送球」という設定でも、10周続けばいい方だと思う。しかも、エンドレスで続けていれば、以前の選手のように肩を故障してしまう危険性も出てくる。

そこで取り入れているのが「連続27アウト」を取るノックである。言うまでもなく、1試合で取るアウトの数は27だ。1試合ぶんのアウトをいかにノーミスで取っていけるか。無失策で試合を乗り切る、大会を乗り切ることを選手に課すならば、普段から無失策試合をイメージしたプレッシャー練習をこなしておかねばならない。

このノックでは三塁、遊撃、二塁と順番に打つのではなく、外野を含めてランダムに打っていく。高校生に限った話ではないが、野球には連鎖反応が付き物だ。試合中に起きたワンミスを起点に、立て続けにミスを連発してしまうことがあるだろう。または、投手が四球を出した。その後、野手が失策を犯す。いわば、これもミスの連鎖反応だ。そういった現象は、普段の練習の中でも起こり得ることなので、しっかりと対策しておかなければいけない。

大事なのは「連続」である。つまり、一球に対する集中力をチーム全体で高める練習方法としても、連続27アウトノックは絶大な効果があるのだ。

先日、プロ野球の巨人が練習でこれを行っている光景を見たが、おそらく同様の目的で取り組んでいるのではないかと思う。

制球力アップの秘策

投手が制球力を付けるうえで必要なのが「柔らかさ」である。肘や肩はもちろん、肘から手首にかけての柔軟性がなければスナップスローもできない。制球力を高めよ

う と思ったら、バント処理のフィールディングをさせると良い。右投手なら捕球して三塁へ転送、左投手なら一塁へ転送する。このように、捕手のミットを目掛けて投げる練習よりも、野手的な動きを入れた方が良いこともある。

バント処理の送球は、だいたい横や下から腕を振るものだ。体を反転させながら肘から先のスナップを利かせて投げなければならない。そういう腕の角度で投げようとすればするほど、肘は自然と出てくるし、より前でボールを離そうとするようになる。前で離すぶんターゲットに近く、思ったところにコントロールしやすくなるはずだ。「制球力のない投手をサイドで投げさせる」という理屈と、同様の考え方である。

もちろんネットスローも軽視してはいけない。ブルペンで全力投球させるよりも負荷が少なくて済むからだ。肩や肘を消耗せずに指先の感覚を磨くことができるのだから、しっかり取り組んでおくべきだ。

球速をアップする方法

球速を増やすには、体重を増やすことが一番だ。球速は体重に比例するところが多分にある。もちろん下半身主導のフォームを身に付けなければならない。前足は踏み込みの強さ、後ろ足は軸足のキック力を生み出すパーツである。軸足で作った溜め込んだ力（体重）を正確に後ろから前へと移すことができれば、強いボールを投げることができる。つまり、体重が重ければ重いほど、上手に体重移動さえできれば自ずと爆発的な球威が生まれるのである。

踏み込んだ前足がぐらついてしまえば、制球力が乱れる。裏を返せば、下半身が強くなれば制球力が安定し、球威も増してくるということだ。

「横を向いている時間を長くしろ」と言う指導者も多い。創成館でも「半身を作れ」と言っている。それはバッティングにおいても一緒だ。半身の状態から最後に回転を加えることで力を生むのである。「開くな」と指導する際も、前側の開きばかりを意識するのではなく「後ろ側の肩を持ってくるのを遅らせる」というイメージを持つことが大事になる。

テイクバックについては、よほどおかしな投げ方をしている場合を除いて、ほとんど指導することはない。投球フォームの中でも、一番慎重にならないといけないポイントがテイクバックだ。テイクバックをいじってしまったことで、投げられなくなった投手をたくさん見てきた。

また、アーム投げの子であっても、それを活かして力を発揮する場面はたくさんある。アームということは変化球、とりわけ落ちるボールに角度があるということだ。短いイニングであれば、そうした部分は大いに活かすことができる。

矯正しようとして、壊してしまうことが多いのもアーム投手だ。そういう投手はこれまでアームで投げていく中で筋肉が付いているのだから、アームにも充分耐えられるようになっている。

どうしてもそれを治しておきたいというのなら、その時こそバント処理での三塁送球（左投手なら一塁送球）をやらせるといい。上から投げるからアームになるのであれば、横や下から投げさせて肘を出せるような工夫をすればいい。もちろん、投げすぎは禁物だが。

今こそ「タイヤ打ち」を再評価すべき

最後に打撃に対する私の考えも少々述べておきたい。打撃に関しては、打てない打者にはいろいろ言うことはあっても、結果が出ている打者に何かを指導することはほとんどない。

打撃はタイミングとポイントである。選手にも「お前たち、何万本スイングしてもタイミングを合わせられなかったら無駄やけんね」と言っている。バットの出方などはあまり小うるさく言わない。打てなければ注意するが、たとえ美しくなくとも、それで打てているのであれば何も問題はないと思っているからだ。

注意すべきは、ベース上をバットがどう通過しているかということだけである。しかし、引っ張りしか打てない打者は修正しておかないと、変化球に対応できなくなる。とくに体が開いてしまい、外の変化球を投げられたら対応できそうにない選手が多い点は悩みどころだ。

そういう選手は、インパクトの瞬間に右打者だと左手が伸びず、腹を掻き切るように体の近いところで旋回させようとするスイングをしていることが多い。こういう打者は内角を引っかけるばかりで、外のボールに対応できない。インパクトの瞬間、右打者は利き手であり力の強い右手で押さえ込もうとしてしまう。しかし、バットを握る下の手（左手）でスイングを正しくリードしなければ、このパワーを上手く伝えることはできないのである。

そういう選手は、卓球やテニスのドライブ打ちのようなスイングになっているので「タイヤ打ち」をするといいだろう。社会人野球でも「原点に帰ろう」ということでタイヤ打ちを実践しているチームが増えてきた。タイヤの平面にしっかり当てることができれば、正しいバットの出方をしているということになる。この時、右打者なら左手、左打者なら右手が伸び切っているはずで、これが縮こまれば当然平面をバチンと捉えることができないし、手首の返しが早い選手はバットがタイヤの側面を叩いてしまう。そういう選手は内角を打ってもファウルにしかならないだろう。

バットの軌道は、常に内から出ていくのが理想である。いわゆる「インサイドアウト」だ。最近は打ちに行く際に脇が締まっていない子供が増えてきた。内側からしっかり出すことができていれば、内角球でもファウルで逃げることが可能なのだ。また、脇が甘いから、いったん振り出すとボール球でもバットが止められず、内角球にもすべて詰まってしまう。だから「見逃し方を重視している」というのも、結局はそこに繋がるのである。

見逃し方に余裕のある打者は懐が深く「いつでもいらっしゃい」といった雰囲気を醸し出しているものだ。そういうオーラは相手投手にも伝わるので、自然とボール先行の投球になっていくだろう。参考にしたいのはソフトバンクの内川選手だ。とくに追い込まれた後は必ず内からバットが出てくる。プレッシャーのかかる状況で軽々と一・二塁間を抜いていく単打を放つ技術力の高さには、本当に惚れ惚れしてしまう。

ミートポイントは前目に置け

私の持論では、ボールを捉えるのは体よりも「前目」だと考えている。体に近いところまで引き付けて、軸回転でボールを捉える打者が高校野球でも増えてきた。しかし、そういう打撃は高校生には難易度が高いのではないか。だから私は「泳いでもいいから前で捉えろ」と指導している。

ポイントを前目に置くことの利点もある。たとえ突っ込んでしまっても、トップの位置さえ崩れていなければ、変化球、とりわけスライダー系の逃げていくボールは拾うことができるのだ。また、前に大きく体重移動をかけても、前足の股関節でしっかり壁を作れていれば、より強い反動を付けて後ろに残っているヘッドを弾き出すことができる。そういう前さばきで拾った打球で飛距離を出す打者も、じつは少なくない。松田宣浩選手（福岡ソフトバンク）がまさに典型例だろう。

しかし、プロの打者はレベルが高すぎて、あまり参考にはならない。「プロの打者がこうやっているから、やってみなさい」と言っても、高校生にはなかなか実践できるものではない。技術もパワーも違いすぎるのだから無理はないだろう。

だが、スイング軌道の中に表れるわずかな癖については、早い段階で芽を摘んでおかねばならない。たとえ1年生であっても「こいつに力が付いたら面白いな」と思える打者は何人もいるが、バットの出し方に癖があればなかなか直るものではない。だからこそ、選手たちのスイングに関しては小まめにチェックしておく必要がある。

終章

創成館野球部が進むべき道

奪われた甲子園、今こそ真価が問われる時

春、夏の甲子園を失った子供たち

２０２０年春のセンバツ大会が、新型コロナウイルスの感染拡大を受けて中止となった。私たち創成館も昨秋の九州大会で４強入りしたことが評価され、２年ぶり４回目のセンバツ出場が決まっていたのだが、子供たちをグラウンドに立たせてあげることすら叶わなかった。

２０１１年秋の九州大会４強で「候補」となりながらも、コールド負けで出場校に選ばれなかった２０１２年の出来事を思い出したが、今回は出場が完全に決まっていたので前回とは状況が大きく異なる。野球を始めた頃からの夢だった場所を奪われた子供たちの気持ちを考えると、本当に胸が押しつぶされそうになる。

中止の発表は3月11日だった。チームはその翌日に一時解散し、練習再開をしたのが３月23日。練習開始の午前10時には、スタッフ全員で「物語はここから始まる。最高の夏を全員で」と記された横断幕を持って選手たちを出迎えた。

２０１２年の時は、落選した選手たちがセンバツの試合を見て悔しい思いを味わったが、今回は大会そのものがなかったからだろうか。グラウンドに飛び出していく選手たちを見ながら、上手に気持ちを切り替えているなと感じた。まだその先には夏がある、という思いがあったのかもしれない。

しかし、4月に入って緊急事態宣言が発令され、野球部は再び活動休止。当然、春の九州大会も中止に追い込まれてしまった。宣言が解除された5月13日に練習を再開して「もう夏しかない。夏は絶対に勝とう」と懸命にチームを鼓舞し続けたが、活動再開からわずか1週間後の5月20日に、もっとも恐れていた「夏の甲子園中止」が発表されてしまうのだった。

甲子園がない――。

これはさすがにショックが大きすぎた。コロナの感染状況の深刻さに加え、事前に「中止の方向へ」という報道が流れていたこともあって、多少は覚悟していた部分もあった。しかし、春のこともあるから夏は無観客でもやってくれるだろう、と開催されることを頑なに信じようとしていたのが正直な気持ちだった。

そしていざ中止となると、選手たちに掛ける言葉が出てこないのである。〝勝った、負けた〟の話ならまだいい。しかし「甲子園がなくなる」ということが、この世界に生きる大人にとっても初めての経験なのだ。どんな言葉を発したとしても、おそらく高校生には響かないだろうし、どんな発言を投げかけても彼らの耳には残らないだろう。だから、本当に何も言えなかった。

少年たちの目標がひとつひとつ奪われていくという残酷さは、筆舌に尽くしがたいものがある。センバツの中止が発表されて以降の数か月間は、懸命にモチベーションを維持しようと努めてきた選手たちの気力が、どんどん薄れていくのが手に取るようにわかった。「目標を失う」ということが、これほど怖いものなのかと、あらためて思い知らされることとなってしまった。

2020年の甲子園で披露したかったこと

もちろん私個人も、今年の甲子園で戦うことを楽しみにしていた。秋に九州4強入りした時点で「本当にこのチームでよく勝ったな」と私自身が驚いたほど、2020年世代は例年に比べて能力値に劣る世代だった。しかし、そういう低評価を覆し、センバツの出場権を勝ち獲った選手たちは私の誇りでもあった。良い方向に私の予想を裏切ってくれた選手たちが、甲子園では私の期待を大きく上回るパフォーマンスを演じてくれるのではないか。そういう楽しみもあった。

たしかに秋の時点で能力値は低かったかもしれないが、伸びしろは例年にも増して大きかった。春の甲子園8強まで進んだ2018年のチームに比べ、打力は間違いなく弱い。ただ、投手陣の方は幻のセンバツを戦うはずだった2020年世代の方が、冬期間の伸び方は大きかったと胸を張って言える。2018年の投手力は、準優勝した明治神宮大会の時点で完成の域に達していたために、ひと冬を越えての成長が見られず、夏までの伸びしろもほぼ残されていなかった。

あの年は神宮大会を終えたところで、私が投手陣に変化球の精度アップを求めすぎたために、投手にとってもっとも肝心なストレートの質を向上させることを疎かにしてしまったのだ。球速を含めて一向にストレートが伸びてこなかったのは大誤算だった。２０１８年世代には気の毒なことをしたが、そうやって私の中に残った反省点と向き合って課題克服に努めた結果、２０２０年世代には川原のようなスーパーエースは不在でも、総合力に優れた投手陣が育っていったのである。

もちろん野手陣も九州大会準決勝で明豊に競り負けた悔しさを糧として、冬の間に打撃力アップに努めてくれた。ひと冬を越えて、期待していた選手たちが順調に伸びてくれたと実感していただけに、大会中止は残念で仕方がなかった。

前回の夏が創志学園の西投手に16三振で完璧に抑えられ、あまりにあっけない負け方で終わってしまったので、今年には期するものもあった。たしかに力のないチームだったが、負けに行くつもりは毛頭なかった。力に対して力で勝てるチームではないからこそ、力には技で勝負するしかない。配球の妙や足を絡めた小技で「柔よく剛を制す」という野球をやっていく準備は整いつつあったのだ。

センバツ出場が決まった後には「創成館も勢いが付けば面白い」と新聞に書いてあったが、そもそも勢いが付くまでに時間がかかる。とにかく甲子園でも「機動力で勝てる」ことを証明した健大高崎のように、2020年ほど「守備力で勝てる」ということを実証したかった年はない。投手を中心とした守備力で、勝利をモノにできる。それを見せつけるためのシーズンだったのである。

センバツ出場校の映像もすべて取り寄せていた。それに、大阪桐蔭とももう一度やりたかった。前回の勝利を「まぐれ」とは思われたくなかったし、チャンスは充分にあったと思う。相手も一度やられている相手に「この野郎!」と敵意を隠そうとせず、必勝態勢で臨んできただろう。そういう中で試合をして、再び勝ちたいと思っていた。

なお、創成館はこれまでに甲子園で8試合を戦ってきたが、一塁側のベンチで試合をしたことが一度もない。試合をするうえでベンチの一・三塁はどちらでも構わないが、ホーム球団のアドバンテージで室内練習場が広いとされる一塁側を、そろそろ経験してみたいものである。

「ガイジン部隊」は中途半端が許されない

私たち創成館が長崎県の高校野球界に籍を置く以上、避けて通ることができない問題がある。「ガイジン部隊」問題である。大阪の学校に京都や兵庫の選手が集まるだとか、東京の学校に神奈川や千葉の選手が集まるといったものとは違って、九州の場合は少々様相が異なる。

「九州はひとつ」といった美しいスローガンを謳いながら、たとえ隣県であっても、いったん県をまたげば九州では正真正銘の「ガイジン」なのである。100名を超える部員の70％以上を県外出身者が占めている創成館が、「ガイジン部隊」と見なされてしまうのは仕方がないことだ。しかし、ガイジンにはガイジンなりの「覚悟」があるものだ。

数年に一度、甲子園に出場する――。

甲子園に出ることが目標。甲子園で1勝はしたい――。

そうやって中途半端に勝っているうちは、なかなか「ガイジン部隊」は認めてもらえない。ちなみにもっとも非難される状況は、甲子園で初戦敗退に終わることだ。

一方で、突き抜けた結果を残せば、人々の見方は変わってくるということもわかっている。実際に明治神宮大会の準優勝後から、私たちは何も言われなくなった。そこまでいけば「ガイジン部隊」だろうが何だろうが、認めてくれるようになるのだ。比較にならないかもしれないが、大阪桐蔭や横浜、そして以前のPL学園が、なぜ「ガイジン部隊」と罵られることがないのか。それは彼らが圧倒的に勝ち続けているからである。結果を残せば、地域や全国のファンは認めてくれるのだ。

2018年夏まで長崎日大を率いておられた金城監督には、ずいぶんと親切にしていただいた。長崎県の人たちにとっては、お互いに〝よそ者〟だったということもあったのかもしれない。金城監督は沖縄県出身で、1999年のセンバツで沖縄尚学を県勢初の甲子園制覇に導いた名将だ。長崎日大には12年間在籍し、夏3度の甲子園に出場。2007年夏には甲子園4強進出も果たした。2019年春からは、過去20年間にわたって指揮を執った古巣の愛知黎明（旧・弥富）を率いている。

私が高校野球の指導者に転身した頃から、金城監督にはいろいろと学ばせていただいた。長崎日大と創成館の野球部グラウンドは、小さな川を挟んで目と鼻の先にある。長崎県には公立校が多いので「何を、この私学が」、「よそから来よってからに」という視線が痛いほど突き刺さる。だからこそ、川を挟んだすぐ隣で練習していた金城監督が、新参者の私に対して親切に接してくれた理由もよくわかる。なお、社会人のJR九州でプレー経験のある海星の加藤監督も広島出身だ。

私は指揮1年目から「いかに県民から応援されるチームを作るか」を真剣に考えてきた。まずは創成館の「稙田野球」というものを強く印象づける必要がある。波佐見と対戦した2009年夏の準決勝で、私は2ストライクからの3バントスクイズでサヨナラ勝ちを収めた。これが功を奏し、その試合後から「今までにそういう思い切った策に打って出る監督さんが長崎にはいなかった」と声を掛けられるようになった。そういうイチかバチかのギャンブル采配を随所で仕掛け、これが上手くハマっていったことで、我々を見る目が少しずつ変わっていったことは確かだ。

監督1年目の夏に決勝で敗れた金城監督には、高校野球の厳しさをこれでもかと叩き込まれたが、金城監督が長崎で最後の采配となった2018年夏には、準々決勝で4－0と勝利し、しっかりご恩返しをさせていただいた。ただ、金城監督との勝負づけは終わっていない。いずれは甲子園の上位で決着を付けなければならない。

長崎に起こしたい高校野球フィーバー

2020年のゴールデンウイークには、県外27チームに諫早地区の10チームを加えた37チームが一堂に会する大型練成会「のんのこベースボールフェスタ in 諫早」を開催する予定だったが、これもコロナの影響で中止に追い込まれてしまった。

5月に佐賀県・福岡県を中心に行っている「クロスロード in 鳥栖」や、大分県で開催される「湯けむりベースボールフェスタ」、「中九州高校野球フェスティバル」のような、県外の強豪校が多数参加する練成会を開催したいという構想は、以前からあった。そして長崎の野球を盛り上げていきたい。それを県レベルでと考えたが、まずは諫早エリアでムーブメントを起こしたい。

２０１８年7月、諫早に新球場が落成し、時代も平成から令和に代替わりした。そうした様々なきっかけが重なり、自治体や諫早市内の高校が一体となった野球フェスが実現したのである。

以前から「やるとなったら来てくれますか？」という根回しを進めていたが、熊本工や鹿児島実、明豊といった九州内の有名校をはじめ、みなさんが喜んで賛同してくれたことが大きかった。大事なのは第1回目の開催である。成功すれば、その後も継続的に多くのチームが参加してくれるだろう。幸いにも諫早地区の高校はすぐに足並みが揃った。地元のスポーツ店の方が事務局長を務めてくれて、前年秋ぐらいから何度も会議を繰り返し、カード編成をしていったのである。

長崎県のレベルが落ちてきていることもあり、「みんなでレベルアップしていきたい」という思いはそれぞれが持っていたようだ。他県のレベルというものに触れて、見て、勉強していく機会になれば幸いである。

このように、長崎県の高校野球を注目してもらえるような仕掛けを、私は日頃から考えている。そうした時に、やはり必要なのはスター選手の存在だ。長崎はメイン球場のビッグNスタジアムが収容2万5000人と、地方球場にしては非常に大きいため、どうしてもスタンドの空席が目立ってしまうのだ。グラウンドレベルに降り立つと、県の決勝戦でもパラパラの入りにしか見えない。いつもたくさんのお客さんでスタンドが埋まっている熊本県の藤崎台球場や鹿児島県の鴨池球場が、羨ましくて仕方なく思えてくる。

球場にお客さんを呼べるスター選手は、長崎出身でなくてもいいと思う。お客さんを惹きつける、楽しませてくれる魅力を持った人材を、県外からでも引っ張ってきて、スター選手に育ててみたい。

高校時代の佐々木朗希投手（大船渡～千葉ロッテ）や清宮幸太郎選手（早稲田実～日本ハム）、あるいは春夏連覇を達成した大阪桐蔭の主力メンバーのような選手がいれば、球場周辺が大混雑するような状況も生まれるだろう。

長崎の高校野球で、フィーバーが起きる。それが私にとってのひとつの夢でもある。もちろん決して無理な話ではない。

「ピンチをチャンス」に、野球振興に力を

今回の新型コロナウイルスの感染拡大は、私たちから甲子園大会までをも奪ってしまった。各県ごとに選手権大会に代わる独自の大会を開催する動きも進んでいるが、甲子園に繋がる大会ではないからこそ新しいものを生み出すチャンスになるのではないか、と解釈したい。

県によっては、独自の大会のベンチ入り人数を増やすところもあるらしい。従来の20人から25人へ。また、大会の最大登録数を60名に引き上げ、試合ごとの入れ替えを可能としている地域もある。より多くの部員に出場のチャンスが巡ってくるということは、投手を中心とした選手個々の負担軽減にも繋がるということだ。つまり、酷暑

対策という意味でも、大きな効力を発揮することになるだろう。

また、これを機にDHを導入してみてはどうか。それにより、守備に難がありながらも打力に秀でた選手を試合に出すことができる。「高校野球は教育の一環だ」と言うのなら、生徒の可能性を広げるための出場機会拡大は、なおさら考えていかなければいけないのではないか。

国民の「野球離れ」や「競技人口減」は深刻だ。しかし、高校野球には依然として絶大な発信力がある。甲子園に出場することで、学校名はもちろん、エースや4番打者といった〝いち高校生〟の名が広く知れ渡ってしまうのである。これは異常なことであり、決して「当たり前」のことではない。選手はもちろん、我々指導者もこれを「ありがたいこと」と肝に銘じ、日々の活動に取り組まなければならない。言うまでもなく、我々現場にいる人間には、それだけの発信力を有効活用しながら野球振興に全力で取り組んでいかねばならない義務がある。

バットという道具を使用する野球をやるためには、広いグラウンドが必要だ。現在はキャッチボールができる公園も「絶滅」しているに等しい。「野球ができる場所がない」ということが、非常に悩ましい問題である。

また、野球の最底辺といえば小学生だが、サッカーなど他競技の最底辺は幼稚園ぐらいにまで広がっている。だから、幼稚園の時期から野球の楽しさを簡単に学べたり、接したりする機会を増やしていかなければいけない。高校野球のお兄ちゃんたちが幼稚園に行ってティーボールで遊び、そのまま用具一式を提供して帰る。幼稚園生には一緒に遊ぶことで野球への接点を作り、小学校高学年ぐらいから、野球というスポーツの面白さを伝えていけばいい。

最近になって、野球を盛り上げるための新たな動きもスタートしている。諫早地区の中学校の指導者から「諫早市内の高校の指導者さんから、野球を指導してもらいたい」と高野連を通じて要望されたため、諫早球場に近隣の高校が集まって講習会を行った。諫早市では初の試みだったという。これはじつにいい機会である。

一番に伝えていることは「キャッチボールの大切さ」だ。そして、野球の面白さを伝えるのはもちろんだが「できないプレーを、できるようにするために練習がある」ということ、そして「できないことができるようになった時の喜び」を伝えたつもりだ。野球人気が絶対的だった時代には、現場の人間がそこまでする必要はなかったのかもしれない。しかし、現状に危機感を抱くからこそ頭で考え、行動に移しているというのも事実である。ピンチの時こそ、行動しなければならない。こうした野球振興に繋がる活動は、今後も積極的に取り組んでいきたい。

野球人生は
5回のグラウンド整備が終わったばかり

私が創成館に来たばかりの頃は、どんなに「全国制覇」、「日本一」と口に出してもピンと来ていない人がほとんどだった。しかし、夢はやり方次第で目標に変わるものである。だから、夢を持ち続け、それが目標に変わるまで諦めずにやってほしい。そう訴え続けた結果、今では多くの人が「甲子園優勝」という夢を目標に置き換えてくれたという手応えを得るに至っている。

もちろん、誰しもが夢を叶えられるわけではない。しかし、夢を叶えた人に共通して言えるのは「最後まで諦めなかった」ということだ。最後まで諦めなければ、夢には着実に近づくことができるのだ。

我々のようなスター選手がいないチームであっても、チーム力で全国が獲れることを証明したい。私の野球人生において、社会人時代に初めて日本選手権の出場権を勝ち獲った時に感じた思いが、まさにそれだ。

日本選手権ではベスト8に入った。あんなに練習環境に恵まれなかった部員16人のチームでも、全国に行けば充分に勝てるし、上位進出も達成できる。それを証明した時点で、夢は夢でなくなったのである。その成功体験が、現在の私の指導の根本にある。絶対にやれる。自分たちがどれだけ「やれるんだ」という思いでやっているかが大切なのだ。

九州地区でもそこそこ勝てるようになり、8年間で6回の甲子園出場を果たすことができた。社会人時代もそうだったように、創成館のような田舎の高校野球チームが、全国の舞台でも戦っていけるだけの力を示すことには大きな意味がある。

まだ日本一は達成できていないが、九州大会優勝、神宮大会準優勝、甲子園8強と、結果を残し続けることでチームに関係する人々だけでなく、地域の意識も変化していったからだ。

もちろんすべてが順調だったわけではない。これは結婚式のスピーチでよく使われている言葉だが、やはり野球も人生と同じで、山あり谷あり。試合の中にも様々な局面があり、良いことは長続きしないようになっている。

正直なところ、私の野球人生も試合に例えるなら中盤の5回、6回ぐらいに差し掛かっている。グラウンドを整備し直して、同点のまま迎えた終盤をいかに戦っていこうかと考えている状況だ。ただ、5回の整備が終わってグラウンドが綺麗に整えられた直後は、試合が大きく動くことが多い。試合の流れが大きく変わりやすい時間帯であり、勝負がどちらに転ぶかわからない大事な局面なのである。

創成館に来た時に保護者の前で「強いチームを作る自信はあります」と言ったことを今でもはっきりと覚えているが、私から見ればまだまだ道半ばに過ぎない。この先、私が思い描く最高の「ゲームセット」(日本一)の瞬間を迎えられるよう、より謙虚に、努力と研究を重ねていきたい。

おわりに

偉大なる唯一無二の存在「甲子園」

長崎県では、新型コロナウイルスの感染拡大によって中止になった選手権大会に代わる独自の大会を開催していただけることとなった。私自身は〝けじめ〟の場を設けていただいたことにホッとした部分はあったが、それを生徒に伝えても「よっしゃー！」という雰囲気にはならなかった。「そりゃそうだよな」と思う。本気で甲子園を目指していた者たちなのだから、それも無理はない。甲子園で空いた穴は、甲子園でしか埋めようがないのかもしれない。

それでもチームをバラバラにしてはいけないから、代替大会のことはミーティングのたびに言い続けなければならない。次第に選手たちは前向きな気持ちになっていったが、通常夏前に行う追い込み練習はできなかった。

「甲子園がすべてではない」と生徒に話している指導者は多いと思うが、やはり高校球児である以上は、そのほとんどが「甲子園だけがすべて」と思ってやっている。したがって、甲子園を目指している子供に「甲子園がすべてではない」と言うのはどうなのか。夏の大会で負けた後に言うならまだ理解できる。しかし、目指している過程の中で「甲子園がすべてではない」と言うのは間違いだと思う。

横浜の渡辺元智元監督も「甲子園がすべてと思って3年間やり続けることで、人間的に成長できるんだ」と語っている。まさにそうだと思う。人生の中のある時期に、ひとつの目標に向かってチャレンジを続けることが、人を大きく育ててくれるのだ。出場が決まっていた春、そして最後のチャンスだった夏の甲子園までをも失ったことはこの上なく悔しいことだが、もはやどうしようもないことだ。過去と他人のことは変えることができないが、今現在と自分自身は変えることができる。目標を見失っている中でも「よし、やろう！」と気力を振り絞って立ち上がる。今がまさに人間として成長している時なのだと思う。

今回の大会中止によって「甲子園は本当に、もの凄く遠い場所なんだな」と、あらためて感じたが、6月10日に日本高野連の方から「2020年甲子園高校野球交流試合」の開催が発表された。私たち創成館のように、2020年春のセンバツ出場を決めていた学校に対する救済措置の大会である。

「代替の長崎大会に向かって気持ちを高めていく」と、懸命に前を向こうとしていた選手たちは、この決定を受けて活力を取り戻していった。「夏の長崎で優勝する」と口では言いながら、なかなか前を向けずに苦しんでいた選手も、みるみる生気を取り戻していったのだ。

それほど、球児にとっての甲子園とは、代わりの効かない「唯一無二の場所」なのである。もちろん、選手だけではない。高校野球に携わるすべての人間にとって、あまりに大きすぎる存在なのだ。そういう野球人にとっての〝当たり前〟のありがたさを、強烈に意識せざるを得ない2020年となった。

苦戦しても敗戦しない

苦戦しても敗戦しない――。

これは、創成館の監督に就任した時からチームスローガンとして用いているもので、最近ではこの言葉が広く知れ渡るようになったし、チームにもすっかり根づいてきたとも実感している。意味は「とにかく負けないチーム」になろう、という単純明快なものだ。結局、どんなに苦戦しても負けないチームこそが最強なのである。

甲子園で優勝したり、上位まで勝ち進んでいったりするチームに、力の差はないと思っている。だから、上位との試合は常に接戦を想定しなければならない。苦戦することは想定外ではなく、あくまで想定内のことに過ぎないのだ。ピンチを当たり前と思って行動できて、試合を進めることができるチームを、私は作っていきたい。どんなに危機的状況でも、選手たちには「想定内や。普通にやろう」と声を掛け続けているのもそのためだ。

もちろん、そういう戦いをするには守りが固くなくてはいけない。高校野球はトーナメントである。トーナメントを勝ち上がっていこうと思ったら「苦戦しても敗戦しない」試合を、いかに多く取っていけるかの勝負になる。また、そういう試合をモノにできるチームは、1試合ごとにチーム力を高めていくことができる。相手からしてみたら、どれだけ打っても、突き放しても、手応えがない。響かない。泰然自若な選手たちを前に気持ち悪ささえ覚えるはずだ。派手な強さはなくとも、常に勝っている。それこそが真の王者の姿ではないか。

そもそも「苦戦しても敗戦しない」とは、九州三菱自動車時代に社長が営業マンに対する訓示として用いていた言葉である。営業畑の中で生まれた言葉で「苦戦しても敗戦するな！」と言い続けていた。「たしかに良い言葉だな」と思って、社会人野球時代も選手に使っていたし、大会の時には横断幕の文字にもなった。その言葉を少々アレンジしたものが、今でも私の中に生き続けているのである。

守り勝って長崎に深紅の大旗を

夏の日本一は絶対に達成したい。もちろん打てるに越したことはないが、守りの力によって勝ち獲りたいと思っているし、達成できるとも思っている。

近年の高校野球は、金属バット全盛だった昔の社会人野球のように「打って、打って」という野球を展開しているチームが多い。そういうチームに野球をさせない。それが私の理想とする「守り勝つ野球」の実態だ。

日本全国には、打ち勝ちたくてもそれができないチームの方が多い。むしろ、投手を中心とした守りの野球にしか勝機を見いだせないチームが大多数を占めているのではないか。すなわち、それが１００年以上にわたって守られてきた「日本の野球」、「日本の高校野球」というものなのかもしれない。だからこそ、そうした野球で頂点に立ちたいし、そうした野球でも勝負できるのだということを、この時代に証明してみせたいのだ。

私の好きな言葉に「夢が人生を創る」というものがある。まさに夢があったから、私の人生は大きく動き続けてきた。まわりから「それは無理だろう」と言われれば言われるほど「じゃあ、やってやろうじゃないか！」と、強い反骨心を抱きながら過ごしてきた。その気持ちがあったからこそ今、私は創成館のユニフォームに袖を通すことができているのだ。

そして、誰しも夢が目標に切り替わる瞬間がある。甲子園にも出場していない頃から「甲子園で全国制覇したい」という夢があった。しかし、明治神宮大会で準優勝して、甲子園で8強入りした瞬間に、私の夢は目標へと切り替わったのである。

長崎県勢、そして長崎県民悲願の「夏の日本一」。

夢から目標に変わった今、そこに向かって選手を全力で牽引していくことが私の宿命なのだと、自分自身に強く言い聞かせている。

最後に、創成館の硬式野球部に携わっていただいている方々、選手、卒業生や学校関係のみなさん、故郷から応援してくれている旧友、そして苦労をかけ続けている家族に対して、この著書を通じて深い感謝の思いを伝えつつペンを置きたい。

２０２０年6月　創成館高校野球部監督　稙田龍生

守り勝つ力

2020年 7 月17日　初版第一刷発行

著　　　者／植田龍生

発 行 人／後藤明信
発 行 所／株式会社竹書房
〒102-0072
東京都千代田区飯田橋2-7-3
☎03-3264-1576（代表）
☎03-3234-6208（編集）
URL　http://www.takeshobo.co.jp

印 刷 所／共同印刷株式会社

カバー・本文デザイン／轡田昭彦＋坪井朋子
協　　　力／創成館高校野球部、石田慶介（長崎新聞社）
特 別 協 力／松田充佐子、徳永静香、山川怜己
カバー写真／長崎新聞社
編集・構成／加来慶祐

編 集 人／鈴木 誠

Printed in Japan 2020

ISBN978-4-8019-2327-0